Ben & Daniela Segenreich

# FAST GANZ NORMAL

# FAST

**Ben & Daniela
Segenreich**

# GANZ

## UNSER LEBEN IN ISRAEL

# NORMAL

Mit 31 Abbildungen

Amalthea
Verlag

Bildnachweis

Alle Abbildungen stammen aus dem Archiv der Autoren mit Ausnahme
von: Archiv Shoshana Hasson (29, 32), Votava/Imagno/picturedesk.com
(53), UN Photo/Teddy Chen (109), akg-images/picturedesk.com (115),
IDF-Spokesman (141)

Der Verlag hat alle Rechte abgeklärt. Konnten in einzelnen Fällen die
Rechteinhaber der reproduzierten Bilder nicht ausfindig gemacht werden,
bitten wir, dem Verlag bestehende Ansprüche zu melden.

Besuchen Sie uns im Internet unter: amalthea.at

© 2018 by Amalthea Signum Verlag, Wien
Alle Rechte vorbehalten
Umschlaggestaltung: ts.design (Timna Segenreich)
Umschlagfotos: Archiv Segenreich; © Oskar Goldberger (Cover rechts oben)
Lektorat: Arnold Klaffenböck
Herstellung und Satz: VerlagsService Dietmar Schmitz GmbH, Heimstetten
Gesetzt aus der 11,75/14,6 pt Minion Pro
Designed in Austria, printed in the EU
ISBN 978-3-99050-126-9

# Inhalt

**Hinweis zur Transliteration hebräischer
Namen und Worte**

»Richtig« schreibt man hebräische Worte mit hebräischen Buchstaben. Es gibt daher keine »richtige« Transliteration. Wir haben uns für eine Transliteration entschieden, die einer deutschen Phonetik folgt und optisch möglichst ruhig bleibt. So soll deutschsprachigen Leserinnen und Lesern geholfen werden, der richtigen Aussprache nahezukommen. Bewusst vermeiden wir anglizistische Schreibweisen, wie sie auch in manche deutschsprachige Publikationen eindringen. Wir schreiben also etwa »Schimon« und nicht »Shimon«, »Gasa« und nicht »Gaza«, »Jad Waschem« und nicht »Yad Vashem«, »Herzlia« und nicht »Herzliya«.

Hebräische und andere Begriffe, die außerhalb Israels vielleicht nicht geläufig sind, werden im Glossar erklärt.

# Vorwort

## Unaufgeregt in einem fast gewöhnlichen Land

**Ben Segenreich**

»Wird Israel im Jahr 2048 noch existieren?«, »Warum es Israel in 50 Jahren vielleicht nicht mehr geben wird« oder schlicht »Wird Israel überleben?« – so und ähnlich lauten Titel von regelmäßig auftauchenden Artikeln, Aufsätzen oder Blogs, die teils in echter Sorge um den jüdischen Staat geschrieben werden und teils durchklingen lassen, dass die Verfasser ihn eigentlich für überflüssig halten. Israel scheint der einzige Staat zu sein, dessen Überlebens*fähigkeit* infrage gestellt wird und, was noch gravierender ist, dessen Überlebens*berechtigung* zur Debatte steht. Das geht so weit, dass das deutschsprachige Wikipedia sogar einen eigenen Eintrag zum Begriff »Existenzrecht Israels« aufweist. Einen Eintrag »Existenzrecht der Schweiz« oder »Existenzrecht Südsudans« wird man dort natürlich vergeblich suchen. Wenn ein ausländischer Politiker den Israelis Freundschaft und Verbundenheit bekunden will, dann erklärt er feierlich, dass ihr Staat das Recht habe, zu existieren. Würde der Politiker so etwas in Bezug auf irgendeinen anderen befreundeten Staat sagen, dann hielte man ihn für verrückt, aber bei Israel fällt das nicht weiter auf. Und es mag zwar gut gemeint sein, hat aber eine verunsichernde Wirkung, denn der Drang, den Israelis zu bescheinigen, dass sie existieren dürfen, bestätigt ja bloß, dass ihre Existenz eben doch irgendwie fraglich ist.

Allerdings kommt dieser Zweifel an Israel nicht nur von außen. Die Israelis selbst scheinen ihr Land immer noch nicht als etwas Selbstverständliches hinzunehmen. »Das kann nicht mehr lange so weitergehen« und »Wenn uns unsere Feinde nicht zerstören werden, dann werden wir uns selbst zerstören« sind Sätze, die ich ständig höre, seit ich als Einwanderer auf dem Ben-Gurion-Flughafen gelandet bin, und das ist jetzt auch schon bald 35 Jahre her. Israelis gegen Palästinenser, Juden gegen Muslime, Rechte gegen Linke, Religiöse gegen Nichtreligiöse, aschkenasische Juden gegen orientalische Juden, Arme gegen Reiche, Russen gegen Äthiopier – wie kann ein Land so viele Konflikte aushalten?

Ich maße mir nicht an, in die Zukunft sehen zu können, begnüge mich daher mit dem Blick auf die Vergangenheit und die Gegenwart und stelle dabei fest, dass Israel jetzt offensichtlich stabiler ist als jemals seit seiner Gründung vor 70 Jahren. In der Zeitstrecke, die ich selbst hier miterlebt habe, hat sich vieles verbessert, zum Beispiel die Restaurants, die Eisenbahn und die Inflationsrate. Durch die Erdgasfunde vor der israelischen Küste ist die Energieunabhängigkeit auf Jahrzehnte hinaus gesichert, der rechtzeitige Bau von Entsalzungsanlagen hat das Land, das zu 60 Prozent aus Wüste besteht, von der drückenden Sorge um die Wasserversorgung befreit, und heute gibt es vielversprechende Beziehungen mit Giganten wie China und Indien, die Israel früher gleichgültig bis feindselig gegenüberstanden. Israelische Sicherheitsexperten sind sich ziemlich einig darin, dass die militärische Bedrohung noch nie so gering war wie jetzt, was unter anderem daran liegt, dass die arabischen Staaten mit sich selbst beschäftigt sind. Der israelisch-palästinensische Konflikt bleibt natürlich ungelöst, was viel Leid mit sich bringt, vor allem für die Palästinenser, aber auch für die Israelis. Trotzdem ist es ein Faktum, dass ausgerechnet Israel, das von Anbeginn immer als *die* geopolitische Krisenzone gegolten hatte, nun seit Jahren, bis auf kurze Ausreißer, eine Insel relativer Ruhe ist. Die Betonung liegt dabei auf dem Wort *relativ* – die Lage ist ruhig im Vergleich mit dem, was in diesen Zeiten in Syrien, im Irak oder in Ägypten geschieht, und im Vergleich mit dem, was in früheren Zeiten zwischen Israelis und Arabern geschehen ist.

In den ersten Jahrzehnten nach der Staatsgründung 1948 war die Frage, ob Israel überleben würde, ja wirklich berechtigt gewesen. Um 1960 herum lebten hier erst zwei Millionen Juden auf einem winzigen, isolierten Landstrich ohne Ressourcen, umgeben von Hunderten Millionen näheren und ferneren Nachbarn, für die Israel ein Fremdkörper war, den es zu entfernen galt. Doch spätestens nach dem Jom-Kippur-Krieg von 1973 mussten zumindest die rationalen Geister in der arabischen Welt begriffen haben, dass Israel militärisch nicht zu besiegen ist. Auch von dem immer wieder angesagten Bürgerkrieg in dem Multikulti-Gemenge, wo Juden aus Dutzenden verschiedenen Herkunftsländern neben muslimischen und christlichen Palästinensern, Beduinen, Drusen, Tscherkessen, Samaritanern, Karäern, Maroniten, Armeniern und Black Hebrews leben, ist nichts zu sehen. Und wenn Israel also – allen Befürchtungen oder, je nach Standpunkt, Hoffnungen zum Trotz – vorläufig nicht auseinanderbricht, dann ist der 70. Geburtstag ein guter Anlass für einen Versuch, das Land ein bisschen besser zu verstehen.

Damit keine falschen Erwartungen entstehen, sind zwei Vorbemerkungen angebracht. Erstens: Da Israel so klein ist, sollte es überschaubar und vielleicht sogar durchschaubar sein, tatsächlich ist es aber sehr kompliziert und eigentlich unerklärbar. Zweitens: Trotz all dieser Komplikationen und entgegen herkömmlichen Vorstellungen gibt es in Israel einfach einen banalen Alltag. Wenn man hier lebt, denkt man *nicht* dauernd über Ideologie und Politik nach, sondern darüber, wo man das Gemüse billiger einkaufen kann und wann man losfahren soll, um trotz der Staus rechtzeitig zur Arbeit oder zu einer Verabredung zu kommen.

Vor vielen Jahren hat der Wiener Komponist und Kabarettist Gerhard Bronner über Israel ein Lied geschrieben, dessen Refrain mir im Ohr geblieben ist: »Es ist ein ganz normales Land, aber nur fast.« Ähnlich hat es einmal der amerikanisch-israelische Publizist Zeev Chafets formuliert: Israel ist »eine Gesellschaft ganz gewöhnlicher Menschen in einer ungewöhnlichen Lage«. Das ungefähr definiert die Perspektive, aus der wir mit diesem Buch an Israel herangehen wollen. Es soll sicher kein Buch über Israels politische und kriegerische Konflikte sein, obwohl diese natürlich immer wieder berührt werden. Es soll auch kein systematischer, umfassender Reiseführer oder Geschichtsband sein, und auch keine Chronik von 28 Jahren Korrespondententätigkeit. Unsystematisch und nichtchronologisch, kontrastierend im Stoff und im Ton, bieten wir unzusammenhängende Kapitel an, von denen hoffentlich jedes eine interessante Überlegung, einen wenig bekannten Aspekt oder die Entdeckung einer bemerkenswerten Persönlichkeit vermittelt. Manche dieser Texte sind schon vor längerer Zeit geschrieben und jetzt für dieses Buch überarbeitet worden. Ihre Einbindung scheint uns angebracht, weil wir ja auch Rückschau auf eine 70-jährige Entwicklung halten wollen.

Dem Wunsch des Verlags, dass die Autoren auch ein bisschen über sich selbst erzählen sollen, kommt das Kapitel »Am Anfang …« nach (und nein, das ist keine Anspielung auf die Bibel). Da die beiden Autoren aus Österreich stammen und als Journalisten hauptsächlich für österreichische Medien gearbeitet haben, hat es sich aufgedrängt, Abschnitte im wechselvollen Verhältnis zwischen Israel und Österreich nachzuzeichnen und dabei zu analysieren, warum es Israelis und Österreichern manchmal schwerfällt, einander zu verstehen. Indirekt damit zu tun hat auch die Frage, ob die österreichischen Juden in die Kategorie der »Jeckes« fallen – eine definitive Klärung gelingt uns leider nicht, aber falls Sie nicht wissen, was ein »Jecke« ist, dann können Sie es in diesem Buch erfahren. Identität, ob israelische oder österreichische, hat auch mit dem Essen zu tun, und es wird Sie vielleicht überraschen, wenn Sie hier lesen werden, dass das Schnitzel – bei allem Respekt für Hummus und Falafel – die eigentliche israelische Nationalspeise ist. Außerdem hat Identität natürlich mit Sprache zu tun. In Israel ist ja so manches Wunder wahr geworden, und das wohl größte davon ist, dass hier acht Millionen Menschen im Alltag eine Sprache sprechen, die 2000 Jahre lang tot war. Für unzählige Begriffe, die es im Altertum nicht gab, mussten neuhebräische Wörter konstruiert werden – zum Beispiel das Wort »zalam«, das »Fotograf« bedeutet und von dem Wort »zelem« (»Ebenbild«) in der Schöpfungsgeschichte abgeleitet ist. Solch schweres linguistisches Gepäck können wir deutschsprachigen Lesern natürlich nicht aufbürden. Aber wir hoffen, Sie zu interessieren und vielleicht zu belustigen, wenn wir Sie darüber unterrichten, dass die Israelis, ohne sich dessen wirklich bewusst zu sein, miteinander auch deutsch sprechen, weil nämlich viele deutsche Wörter Bestandteile des hebräischen Slangs geworden sind.

Immer nur lustig ist es in Israel natürlich keineswegs. Israel ist auch das »Land der Sirenen«, wie eines der Kapitel heißt. Das schauerliche Heulen ertönt ja zum Glück nicht oft, es erinnert an die von den Nazis ermordeten Millionen und an die Opfer der Kriege und des Terrors, und es warnt vor Raketen, die die Zahl der Opfer noch vergrößern können. Es verbindet die Menschen, die es hören, miteinander und verbindet die Katastrophen der Vergangenheit mit den Ängsten der Gegenwart. Der Frage, wie man mit diesem Ballast umgehen soll, muss man sich in Israel immer wieder stellen, genau wie den Sirenentönen. All das klingt auch in den Zeitzeugen-Stimmen an, die wir über die Jahre aufgezeichnet haben und hier noch einmal zu Gehör bringen – sie erzählen von Erlebnissen in kritischen Phasen der jüdischen und israelischen Geschichte.

Eine zentrale Rolle in dieser Geschichte und in der heutigen Gesellschaft Israels spielt die Armee, womit gespaltene Emotionen verbunden sind: Man ist unendlich stolz auf sie und sehnt zugleich den Tag herbei, an dem man sie nicht mehr brauchen wird. In gewisser Weise Randfiguren sind hingegen die Araber und die Strengreligiösen, in dem Sinne nämlich, dass sie nicht zum Mainstream gehören. Aber sie gehören zu Israel und daher auch in dieses Buch, wobei es eine unzulässige Vereinfachung ist, pauschal über »die Araber« oder »die Strengreligiösen« zu sprechen, denn innerhalb dieser Gruppen gibt es viele Nuancen. Die beiden großen Minderheiten haben fast keine Berührung miteinander, ihnen ist aber gemein, dass sie die konservativsten, ärmsten und problematischsten Sektoren der Gesellschaft bilden. Und gemein ist ihnen auch, dass sie jeweils Phänomene darstellen, wie man sie anderswo in der Welt kaum finden wird. Die arabischen Bürger Israels (die sich jetzt auch als Palästinenser in Israel bezeichnen) müssen damit zurechtkommen, dass ihr Land im Krieg mit ihrem Volk steht – spiegelverkehrt muss Israel damit zurechtkommen, dass im eigenen Parlament Abgeordnete sitzen, die sich in diesem Krieg mit den Feinden solidarisieren. Das wäre wohl in jedem anderen demokratischen Staat (und schon gar in jedem nichtdemokratischen Staat) undenkbar, aber in Israel ist das halt einfach so und kann auch nicht anders sein, weil die arabischen Bürger natürlich das aktive und passive Wahlrecht haben. Die strengreligiösen Juden wiederum stehen aus theologischen Gründen dem aus ihrer Sicht gottlosen zionistischen Projekt skeptisch bis ablehnend gegenüber. Sie leben in einer anderen Zeit und einem anderen Kosmos und zugleich in einem modernen Sozialstaat, der sie nicht sich selbst überlassen, umerziehen oder hinausschmeißen kann.

Den Gegenpol zu den Strengreligiösen, denen jede Veränderung ein Gräuel ist, bildet die Hitech-Gemeinde, die Israel zu einem Weltklasse-Innovationszentrum gemacht hat. Der gleiche Improvisationsgeist, mit dem die zionistischen Pioniere gegen alle Widrigkeiten einen Staat aus dem sandigen Boden gestampft haben, beseelt heute deren Enkel und Urenkel in der »Start-up-Nation« – nachzulesen im Kapitel »Verrückt nach Kommunikation«. Ins Heilige Land pilgert man jetzt nicht nur, um zu beten, sondern auch, um Cyber-Unternehmen zu bestaunen und sich von ihnen etwas abzuschauen. Da mussten wir unbedingt auch der Frage nachgehen, ob der »Prophet des Judenstaates«, der technikgläubige Utopist Theodor Herzl, Israel so vorausgesehen hat, wie es geworden ist. Von Internet-Chats und selbstfahrenden Autos konnte er natürlich nichts ahnen, aber in manchen Punkten kommen Herzls Visionen der heutigen Realität verblüffend nahe.

Herzl hat 1897 präzise prophezeit, dass der Judenstaat »vielleicht in fünf Jahren, jedenfalls in 50« entstehen würde. 1947 hat die UNO-Vollversammlung tatsächlich die Schaffung eines jüdischen Staates beschlossen. Was der naiv-optimistische Herzl sich nicht vorstellen konnte oder wollte, war, dass dieser Staat von Anfang an angefeindet und 70 Jahre nach seinem Entstehen noch immer in Unfrieden leben würde. Wem immer welcher Teil der Schuld an diesem unglücklichen Zustand zufällt, es ist offensichtlich, dass Politik, Medien und Organisationen weltweit von einer ungesunden, unausgewogenen und rational nicht erklärbaren Israel-Obsession befallen sind, wie wir in einem Kapitel darlegen. Mit dieser Obsession ist etwa auch der eingangs besprochene Untergangsdiskurs verknüpft. Vielleicht kann dieses Buch zu einer unaufgeregten Betrachtung Israels beitragen.

*Im Schneideraum, 1993*

# 1

## Am Anfang …

**Daniela Segenreich**

Als ich 1988 beschloss, aus dem damals noch sehr sicheren und stabilen Europa nach Israel auszuwandern, war mir die Tragweite dieser Entscheidung wohl gar nicht bewusst. Nonchalant verließ ich meinen gut bezahlten Job, meine Familie und Freunde, meinen Sprachraum und die europäische Ordnung und zog in den Nahen Osten, gerade als die erste Intifada zu brodeln begann. Ich kam 40 Jahre nach der Staatsgründung nach Israel, und im Vergleich zu den Geschichten der Immigranten von damals war meine Einwanderung ein Luxusunternehmen und Israel bereits ein mehr oder weniger funktionierender Staat. Dennoch fiel mir das Leben hier zu Anfang nicht immer leicht. Auslösend für meine Entscheidung, nach Israel zu gehen, war letztendlich Ben, den ich nur flüchtig aus Wien gekannt und viele Jahre lang nicht gesehen hatte. Wir trafen einander 1987 bei Kaffee und Apfelstrudel im Haus einer gemeinsamen Wiener Bekannten in Ramat Gan, einer Nachbarstadt von Tel Aviv, wieder. Ich war mittlerweile Journalistin beim Wirtschaftsmagazin »Trend« und auf Urlaub in Israel. Ben lebte damals schon seit fünf Jahren hier, arbeitete als Informatiker bei einer großen Firma und träumte davon, sich beruflich zu verändern und zu einer kreativeren Tätigkeit zu wechseln.

Nach einigem Pendeln zwischen Wien und Tel Aviv lehnte ich knapp fünf Monate später das Angebot einer fixen Anstellung beim »Trend« ab und zog zu Ben in seine kleine Wohnung in Ramat Gan. Frisch verliebt und mit unendlicher Energie kämpfte ich mich durch die damals noch sehr altmodischen Büros der Einwanderungsbehörden und litt unter dem heißen Klima. Mein erster Chamssin, so nennt man hier den heißen Wüstenwind, bedeutete fünf Tage und Nächte bei fast 40 Grad, wobei dann meist der Strom ausfiel und somit auch die Klimaanlage. Das Duschwasser war an solchen Tagen lauwarm und bot somit auch keine Abkühlung, und nicht einmal eine Tüte Früchteeis brachte Trost, denn das Speiseeis schmeckte zu der Zeit in Israel noch grottenschlecht. Ich schrieb mich in einen Ulpan, einen Hebräischkurs, ein und begann im Wesentlichen noch immer ohne Hebräischkenntnisse als Designerin beim israelischen Kinderfernsehen zu arbeiten. Es gelang mir, mich mithilfe eines Wörterbuchs und improvisierter Zeichen verständlich zu machen. Englisch wollte ich ganz bewusst nicht verwenden, um die Landessprache möglichst schnell zu erlernen.

Ben hatte Kontakte zu einer Wochenzeitung der jüdischen Gemeinde in der Schweiz, für die wir beide als Freelancer Beiträge schrieben. So hatte ich wenigstens ab und zu das Gefühl, mich adäquat ausdrücken zu können. Manchmal zeigte ich meinen Kollegen in der Fernsehredaktion stolz meine soeben in Zürich erschienenen Beiträge. Ich wollte ihnen damit wohl verständlich machen, dass ich mehr zustande brachte als mein mühseliges hebräisches Gestammel. Aber damit erntete ich bestenfalls ein höfliches Nicken, denn sie konnten mit dem deutschen Geschreibe natürlich nicht viel anfangen.

Etwa um diese Zeit, im Jahr 1988, gründete Oscar Bronner, ein guter Freund, in Wien die Tageszeitung »Der Standard«, für deren Nullnummern ich noch in meiner Wiener Zeit Beiträge verfasst hatte. Ben war eine naheliegende Wahl als Israel-Korrespondent der neuen Tageszeitung, hatte er doch nebenberuflich noch von Wien aus – damals noch auf Englisch – Artikel für die israelische Tageszeitung »Maariv« geschrieben. Es ging um Geschehnisse in Österreich, die Israel in irgendeiner Form betrafen, meist um den damaligen Kanzler Bruno Kreisky und seine Israel-Politik. Ben kannte also die Arbeit eines Korrespondenten und war zudem versiert in israelischer Politik und Geschichte. Kurze Zeit später schloss er den Vertrag mit dem »Standard« ab, arbeitete in der ersten Zeit aber noch weiter in seinem vorigen Job, weil wir nicht sicher waren, wie viel Arbeit es geben und ob das Einkommen von der Zeitung ausreichen würde.

Wir beschlossen also, dass jeweils derjenige von uns beiden schreiben sollte, der gerade mehr Zeit hatte, wobei die erste Verantwortung bei Ben lag, und legten uns das Pseudonym »Dani Scheinebergen« zu, ein Anagramm unserer beiden Namen: Dani und Ben Segenreich. Anfangs hatten wir noch nicht einmal einen Computer, schrieben auf einer alten elektrischen Schreibmaschine und mussten dann zur Post laufen, um die Texte in die Redaktion nach Wien zu faxen. Schließlich fand sich eine Freundin, die in unserer Nähe wohnte und ein – damals noch beinahe unerschwingliches – Fax-Gerät besaß. So konnten wir ihr die Texte auf dem Weg zur Arbeit oder noch am Vorabend vorbeibringen und mussten uns nicht an die Öffnungszeiten des Postamts halten. Das ging allerdings nur so lange gut, bis sie einmal vergaß, einen Artikel zu faxen, und der Beitrag deswegen beinahe nicht erschienen wäre. Das nahmen wir als Zeichen dafür, dass es an der Zeit war, in unsere eigene Ausrüstung zu investieren.

Etwa ein Jahr später – wir waren bereits stolze Besitzer von Fax und Computer – bewarb sich Ben, der inzwischen bei der Elektronikfirma gekündigt hatte, auch beim Hörfunk des ORF und begann, ab und zu Beiträge für die Nachrichten im Radio zu sprechen. Damals berichtete noch Mosche Meisels aus Israel, meist für das Radio und in ganz seltenen Fällen auch für

**17**

das Fernsehen, wobei man dann nur seine Stimme hörte und ein Foto, das Meisels am Telefon zeigte, eingeblendet wurde. Der gebürtige Wiener war zu der Zeit schon über 70 Jahre alt, und somit war gelegentliche Verstärkung willkommen.

## Gasmasken und Atropin-Spritzen

Wir hatten inzwischen ein Cottage in einer Kleinstadt nördlich von Tel Aviv erworben und bereiteten die Übersiedlung vor, als Saddam Husseins Drohungen, Israel anzugreifen, immer konkreter wurden. Der Irak hatte Kuwait besetzt und annektiert, woraufhin der damalige US-Präsident George Bush eine Militärkoalition von 34 Staaten bildete, um den Irak zum Abzug zu bewegen. Saddam Hussein drohte im Gegenzug, Israel, das sich offiziell aus diesem Konflikt heraushielt, mit Giftgasraketen zu attackieren. Kurz nachdem wir im Dezember 1990 umgezogen waren, stellten die USA dem irakischen Diktator ein Ultimatum. Stichtag war der 15. Jänner, genau ein Monat nach unserer Übersiedelung. Ich war mir sicher, dass Saddam Hussein Israel angreifen würde, und richtete unser Haus nicht mehr fertig ein. Wir hatten inzwischen braune Kartons mit Gasmasken und Atropin-Spritzen ausgeteilt bekommen, die man sich in den Oberschenkel spritzen sollte, wenn man glaubte, Giftgas eingeatmet zu haben.

Nach Anleitungen des Pikud HaOref, der für die Zivilbevölkerung zuständigen Kommandantur, dichteten wir einen Raum – in unserem Fall das Bad neben dem Schlafzimmer – mit Klebeband und Plastikfolien für den Fall eines Giftgasangriffs ab und versahen die Fensterscheiben in unserem neuen Wohnzimmer mit zwei großen X aus braunem Klebeband, damit bei einer eventuellen Detonation nicht zu große

*Im Garten des neuen Hauses, 1990*

Glasscherben ins Zimmer geschleudert werden konnten. Außerdem versorgten wir uns mit in speziellen gasdichten Behältern abgefülltem Trinkwasser und Nahrungsmittelkonserven.

Am 17. Jänner, zwei Tage nach Ablauf des Ultimatums und einen Tag nachdem die USA und ihre Koalitionspartner die Luftangriffe gegen den Irak gestartet hatten, gingen wir wie so oft erst gegen zwei Uhr früh zu Bett. Ich konnte nicht einschlafen und starrte auf die dunkle Zimmerdecke, als ich plötzlich so etwas wie eine weit entfernte Explosion hörte. Und dann gleich noch eine und noch eine, diesmal lauter und offenbar gar nicht mehr so weit entfernt … Ich weckte Ben, und wir schalteten das Radio ein. Die etwas überraschten Sprecher witzelten unsicher und wussten selbst nicht, was sie sagen sollten, bis schließlich Anweisungen an die Bevölkerung gegeben wurden, sich in die versiegelten Räume zu begeben. Mit zitternden Knien saß ich am Bettrand und spürte eine Welle von Panik über mich hereinbrechen, Panik, wie ich sie in dieser Intensität nie zuvor auch nur annähernd erlebt hatte. Bis dahin hatte ich als verwöhnte, mehr als ein Jahrzehnt nach dem Zweiten Weltkrieg geborene Österreicherin nie verstanden, weshalb Leuten die Knie zittern sollten, ebenso wenig, wie ich jemals zuvor selbst erfahren hatte, dass Angst Harndrang verursachen konnte. Immer weitere Einschläge waren zu hören, ich hatte die Vision, dass draußen alles in Flammen stand. Ben holte die Gasmasken, schnappte ein Radiogerät, drängte mich ins Badezimmer und dichtete die Tür mit braunen Klebestreifen ab. Paletti, unser schwarzer Spaniel-Mischling, hatte sich nicht dazu überreden lassen, hinauf in den ersten Stock zu kommen, dessen Betreten ihm unter normalen Umständen strengstens verboten war.

Wir legten die Gasmasken an und warteten, auf dem kalten Kachelboden kauernd, auf Entwarnung, während wir bei

*Die beiden
Töchter mit
Gasmasken,*
*2001*

jedem Atemzug die Luft laut durch die Filter unserer Gasmasken rauschen hörten. Es schien völliges Chaos zu herrschen. Die Alarm-Sirenen, die am Anfang gar nicht funktioniert zu haben schienen, gingen an und aus, und es war völlig unklar, was draußen passierte. Laut Anweisungen aus dem Radio hatte die Bevölkerung in den versiegelten Räumen zu bleiben, weil erst überprüft werden musste, wo die Raketen aus dem Irak eingeschlagen und ob sie Giftgas transportiert hatten. Es war Winter, und unser Badezimmer war nicht geheizt. Die Situation schien mir mittlerweile völlig surreal, jetzt zitterte ich eher vor Kälte als vor Angst, und ich sehnte mich nach meinem warmen Bett. Es dauerte jedoch Stunden, bis Entwarnung gegeben wurde und alle die Gasmasken ablegen und die abgedichteten Räume verlassen durften.

Am nächsten Tag stand ich im Supermarkt mit den übrigen Kunden Schlange, um unsere Vorräte aufzustocken und frisches Brot zu kaufen. Wir waren alle etwas unausgeschlafen und warteten mit den um die Schulter gehängten braunen Kartonschachteln, in denen die Gasmasken lagen. Sie sollten für die nächsten Wochen unsere ständigen Begleiter sein. Die gemeinsamen Erlebnisse der vergangenen Nacht schienen ein starkes Gefühl der Zusammengehörigkeit zu schaffen, und ich fühlte mich den eigentlich völlig fremden Menschen um mich herum nahe, einfach nur, weil wir wohl alle eine sehr ähnliche Nacht verbracht hatten. Der Schock war allen anzusehen, schließlich war der Raum Tel Aviv noch nie unter Raketenbeschuss gestanden. Während der zahlreichen Kriege gab es manchmal Luftangriffe, aber bis dahin hatten noch nie Raketen in Tel Aviv eingeschlagen, und schon gar nicht Raketen mit chemischen Gefechtsköpfen. Dass es bei konventionellen Raketen bleiben sollte, wussten wir damals noch nicht, und ich bin mir auch nicht sicher, ob uns das sehr beruhigt hätte.

## Die Giftviper

In der Folge gab es jede Nacht, manchmal auch am Abend, selten auch untertags, Raketenalarm, und die Bevölkerung wurde aufgerufen, sich in die abgedichteten Räume oder Bunker zu begeben. Inzwischen war alles viel besser organisiert und verlief geordneter. Nachman Schai, der damalige Armeesprecher, war in diesen Minuten für viele oft der einzige Kontakt zur Außenwelt. Er wurde der Held der Israelis, weil er der Bevölkerung bei jedem Raketenalarm über Radio und Fernsehen mit ruhiger Stimme seine Anweisungen erteilte. Dabei empfahl er auch jedes Mal, zur Beruhigung ein Glas Wasser zu trinken ... Für all jene, die fürchteten, sie würden die Sirenen nachts im

Tiefschlaf nicht hören, wurde ein »stiller Radiosender« einge-richtet, den man die ganze Nacht laufen lassen konnte und über den man nur im Ernstfall die Sirenen hörte und Informa-tionen bekam. Fernsehprogramme wurden bei Alarm durch eine rote Einblendung und das von einer aufgeregten Stimme mehrmals wiederholte Codewort »Nachasch Zeffa« unterbro-chen, was auf Hebräisch »Giftviper« bedeutet. Wir hatten noch Monate später manchmal Schrecksekunden, wenn wir einen während des Golfkrieges aufgezeichneten Film ansahen, in den dann plötzlich die Warnung »Giftviper« hineinplatzte.

Jeweils am Morgen danach sprach sich dann langsam herum, was wirklich geschehen war, ob es Tote oder Verletzte gab und wie viele Häuser zerstört worden waren. Aus Sicher-heitsgründen wurden die Einschlagsorte nicht offiziell bekannt gegeben, sonst hätten die Iraker vielleicht beim nächsten Mal genauer zielen können, doch wusste man meistens über Freunde und Bekannte oder einfach, weil man die Detonation gehört hatte, wo es in etwa gewesen war. Wie durch ein Wun-der gab es bei den insgesamt rund 40 schweren Scud-Raketen, die der Irak auf Israel abgefeuert und die zahlreiche Häuser zerstört hatten, nur zwei Tote. Vier weitere Personen erstick-ten durch falsches Anlegen der Gasmasken und einige ältere Personen starben während eines Alarms an Herzinfarkt.

Im Februar 1991 begannen die USA, Israel mit den ersten Patriot-Abwehrraketen zu versorgen, und so konnte der durch die irakischen Angriffe verursachte Schaden eingedämmt werden. Allerdings war zu dem Zeitpunkt noch immer nicht klar, ob der Irak die Technologie besaß, seine Scud-Raketen mit chemischen Gefechtsköpfen auszustatten. Jetzt hörten wir bei dem nächtlichen Feuerwerk anstatt der Detonationen auf dem Boden oft ein Zischen über unseren Köpfen und den Knall, wenn eine Scud- von einer Patriot-Rakete abgefangen wurde.

All das ist heute angesichts der schrecklichen Kriege in der Region, in Syrien, im Irak, in Libyen und im Jemen, keine Besonderheit mehr. Damals war es schockierend und unerhört, und die Medien in aller Welt berichteten nonstop darüber. Einmal – ganz zu Beginn des ersten Golfkrieges – gab Ben seinen Bericht noch mit Gasmaske durch, direkt aus unserem »Miklat«, dem kleinen Betonbunkerraum neben der Küche, den wir inzwischen anstatt des Badezimmers abgedichtet hatten. Noch während er sprach, gingen die Sirenen ein zweites Mal los. In der Live-Sendung konnte man meine Stimme im Hintergrund hören und bekam mit, wie wir uns organisierten. Es muss sehr dramatisch geklungen haben, denn wir wurden noch lange Zeit danach immer wieder von Österreichern auf diese Übertragung angesprochen.

Ben arbeitete Tag und Nacht, und ich tat mein Bestes, um ihn, so gut es ging, zu unterstützen, indem ich, wenn er versuchte ein paar Stunden Schlaf zu ergattern, Informationen sammelte oder manchmal, wenn er schon völlig ausgelaugt und erschöpft war, kurze Texte für das Radio schrieb. Für die Fernsehberichterstattung wurde, da es damals gerade keinen Israel-Korrespondenten gab, Danielle Spera, die kurz zuvor vom ORF-Büro in Washington nach Wien zurückgekehrt war, für einige Wochen nach Tel Aviv geschickt. Wir verbrachten viele Stunden zusammen und begründeten in dieser Zeit unsere Freundschaft.

Langsam gewöhnten wir uns an die Kriegssituation, und das Prozedere, wenn die Sirenen losheulten, wurde beinahe zur Routine, wobei ich bei jeder Tätigkeit daran dachte, was ich bei Alarm als Erstes tun müsste und wo ich Schutz suchen konnte. Eines Abends hatten wir einen Freund aus Frankfurt am Main zu Besuch. Er war angereist, um sich mit Israel solidarisch zu zeigen, hatte aber schreckliche Angst und brachte deswegen einen speziellen, strahlensicheren Anzug mit Helm,

*Bei einer Reportage in Ramallah, 2012*

Stiefeln und Handschuhen mit, den er immer im Kofferraum seines Wagens dabeihatte. Natürlich gab es wieder Alarm, und wir verbrachten einen Teil dieses Abends im »Miklat«. Danach beendeten wir das Nachtmahl, und unser Freund verabschiedete sich. Weil er aber fürchtete, die Sirenen könnten noch einmal losgehen, während er im Auto auf dem Weg in sein Hotel war, legte er vorsorglich seinen tollen weißen Anzug mit allen Accessoires an und fuhr in diesem Aufzug los. So ernst die Lage auch war, es war ein urkomischer Anblick, und wir stellten uns noch jahrelang amüsiert die Verwunderung der Anwesenden vor, als er damals wie ein Marsmensch gekleidet in die Hotel-Lobby marschiert ist.

Besonders stressvoll war der Krieg natürlich für Familien mit Babys und Kleinkindern, die dann jedes Mal aus dem Schlaf gerissen und in die speziell abgedichteten Vorrichtungen mit Luftfilter gelegt werden mussten. So manches Neugeborene machte zu dieser Zeit seine ersten Atemzüge in so einem vor Gas geschützten »Zeltbett«. Für die etwas Älteren gab es kindgerechte Gasmasken, eine Art von überzustülpenden Kapuzen mit Filtern. Eine kleine Kostprobe der Ängste, die Kinder in so einer Situation empfinden können, sollte ich einige Jahre später bekommen, als Saddam Hussein Israel anlässlich des zweiten Irakkrieges noch einmal bedrohte. Inzwischen hatten wir zwei Töchter im Alter von sechs und acht Jahren. Gemeinsam entrümpelten wir ein weiteres Mal unseren »Miklat« und richteten gefasst alles für einen Ernstfall ein. Doch Noa, unsere Jüngere, hatte schlaflose Nächte, weil sie fürchtete, wir könnten sie bei Alarm im Bett vergessen oder sie würde ihr heiß geliebtes Schlaftier in der Eile nicht finden. Zum Glück konnte Saddam Hussein seine Drohungen damals nicht mehr wahrmachen.

Der erste Golfkrieg dauerte über sechs Wochen, und meine anfängliche Panik oder Angst verwandelte sich in dieser Zeit in immer stärker werdenden Hass gegen den irakischen Führer, der schuld daran war, dass wir beinahe jede Nacht, manchmal auch mehrmals pro Nacht, erschreckt aufwachten und in den beengenden Bunker rennen mussten. In meinen fantasievollen Visionen sah ich mich als Spionin in den Irak reisen, um den Diktator zu ermorden ... Gleichzeitig hatte ich unendliche Sehnsucht nach Freiheit, grünen Wiesen und Bergen und träumte davon, weit weg zu reisen, nachdem alles überstanden war. Am 28. Februar, gerade noch rechtzeitig zum jüdischen Purim-Fest, war es dann endlich so weit. US-Präsident George Bush verkündete die Waffenruhe, die Situation war unter Kontrolle. In Israel verwandelte sich die gedrückte Stimmung der vergangenen Wochen schlagartig in große Erleichterung und Freude, doch ich erschrak noch lange Zeit jedes Mal, wenn der Motor eines Sportautos oder Motorrads aufheulte und ein Geräusch machte, das mich an die an- und abschwellenden Sirenentöne erinnerte. Und auch unser Spaniel Paletti hatte seine Kriegserfahrungen gesammelt und flüchtete nun bei jedem Feuerwerk in den »Miklat«.

*Auf Sendung
im Radio*

Ben hatte sich durch seine journalistische Arbeit während dieses Krieges einen Namen gemacht, und als der damalige ORF-Generalintendant Gerd Bacher kurze Zeit später mit einer Delegation aus Österreich nach Israel kam, bot er ihm den Posten als ORF-Korrespondent an. Bei unserem darauffolgenden Wien-Besuch wurde der Vertrag unterschrieben, und wir fühlten uns mit dieser unerwarteten Aufbesserung unseres Monatseinkommens plötzlich unendlich reich. Und weil im Fernsehen, anders als bis dahin im Radio, die Kleidung wichtig war, kaufte sich Ben vor unserem Rückflug nach Tel Aviv noch schnell einen neuen Anzug für seine künftigen TV-Auftritte. Der sollte aber für immer ungetragen im Kasten bleiben, er war nämlich altrosa, eine in Informationssendungen doch etwas ungewöhnliche Farbe …

# 2

## Wie eröffnet man einen Museumsshop?

Zeugnis eines ganz normalen Schicksals
in den Anfangsjahren des jüdischen Staates

**Daniela Segenreich**

»Damals war einfach nichts normal, gemessen an dem, was
man vorher gekannt und erlebt hat«, wettert Shoshana, als ich
es wage, Verwunderung darüber zu zeigen, dass sie als acht-
jähriges Mädchen allein nach Israel, 1945 noch Palästina,
gekommen ist. »Am ehesten ist es vielleicht mit dem vergleich-
bar, was die afrikanischen Flüchtlingskinder heute erleben«,
fügt sie noch hinzu. Eigentlich besuche ich Shoshana Hasson,
ehemals Anna Kolb, um sie über eines ihrer Projekte zu interviewen. Wir hatten einander in der Klinik der Ärzte für Men-
schenrechte in Jaffo kennengelernt, wo sie trotz ihrer beinahe
80 Jahre zweimal pro Woche als Sekretärin volontiert. Dort
hat sie mir, als sie hörte, dass ich Kunsttherapeutin bin, erzählt,
dass sie Expertin für die Platzierung von visuellen Produkten
sei, schließlich habe sie Anfang der 1980er-Jahre die Design-
Geschäfte im Eretz Israel Museum und im Tel Aviv Museum
of Art aufgebaut, die ersten modernen Museumsshops in der
Stadt.

Es hatte damit begonnen, dass Shoshana einem Bekannten
aus dem Kulturbereich auf der Straße begegnet war, der sie
darauf ansprach, ob sie nicht Lust hätte, einen Museumsshop
nach amerikanischem Vorbild im Eretz Israel Museum zu
errichten. Sie versprach, dieses Projekt ins Auge zu fassen,
wenn sie frei wäre. Damals arbeitete sie noch beim Radiosen-

*Shoshana Hasson*

der »Kol Israel«, doch einige Zeit später kam sie auf das Angebot zurück und begann zu recherchieren, was man denn in so
einem Geschäft eigentlich verkauft und wie man die Ware am
besten platziert und präsentiert. Das Konzept so eines Shops
war hier damals etwas völlig Neues, denn bis dahin hatte es
nur kleine Buchläden in den israelischen Museen gegeben.

Bei diesem ersten kurzen Gespräch mit Shoshana war mir
bewusst geworden, dass in einem jungen Staat wie Israel wirk-

**29**

lich alles »from scratch«, also völlig von null aufgebaut werden musste: die Oper, die Theater, das Philharmonische Orchester, die Museen und sogar ein Museumsshop. Ich wollte Genaueres darüber erfahren und bat Shoshana um ein Interview. Sie lud mich herzlich zu sich nach Hause ein. Die kleine, gemütliche Wohnung der gebürtigen Ungarin erwies sich als ein wahrer Kunstschatz mit vielen Originalskizzen und Skulpturen von bekannten israelischen Künstlern. Shoshanas Vater, Eugen Kolb, war einer der ersten Direktoren des in den 1930er-Jahren gegründeten Tel Aviv Museum of Art gewesen, und somit hatte sie schon als junges Mädchen enge Kontakte zur israelischen Kunstszene gehabt.

## Damals nach dem Krieg nannten sie uns »Seifen«

Ich will also gleich an unser erstes Gespräch anknüpfen und frage, wie man denn so ein Museumsgeschäft einrichtet, wenn man doch eigentlich keine Ahnung hat, was das genau ist und was da verkauft werden soll. Doch meine Gastgeberin ist soeben mit einer Rede beschäftigt, die sie anlässlich des bevorstehenden Jom Haschoah, des Gedenktages für die Holocaust-Opfer, halten soll. Die Enkelin ihrer Schwester, die gerade bei der Armee und zuständig für das Programm einer großen Gedenkzeremonie ist, hat sie darum gebeten, vor 200 jungen Soldaten über ihre Erlebnisse in der Hitler-Zeit zu sprechen. Shoshana hat auch schon etwas geschrieben, sträubt sich aber noch dagegen, als Zeitzeugin aufzutreten, weil es, wie sie meint, ohnehin nicht richtig verstanden werden würde. »Damals, nach dem Krieg, nannten sie uns hier ›Sabonim‹ – Seifen, nach den Seifen, die die Nazis aus den Leichen der Juden gemacht haben«, bemerkt sie zynisch, »heute nennt man uns ›Zeitzeugen‹.«

Schließlich beginnt sie widerwillig, mir den Text vorzulesen, den sie als »eine Art von Zeugnis« betitelt, und erzählt mir nach und nach ihre Geschichte. Und ich begreife mit einem Mal, dass der Museumsshop, zu dem ich sie eigentlich befragen wollte, nur ein lächerlich kleiner Teil dessen ist, was diese Frau in ihrem Leben gemeistert hat.

## Vom behüteten Kind zum Flüchtling

Shoshana, damals noch Anna, wurde 1937 in Budapest geboren und hatte eine gutbürgerliche, behütete Kindheit. Ihre Mutter war Pianistin, ihr Vater Journalist und Kunsthistoriker. Sie erzählt von der Wohnung in der Nähe der Budapester Oper, die »voll von Büchern und antiken Möbeln« war, von ihrem geliebten Puppenhaus aus Holz mit den vielen schönen Puppen und von ihrer Kinderfrau: »Das Leben war wirklich schön, wir Kinder konnten nicht ahnen, was noch kommen sollte. Bis zum Tag des 19. März 1944, meinem siebenten Geburtstag, an dem die Deutschen in meiner Heimatstadt einmarschiert sind und mit einem Schlag sowohl meinen Geburtstag als auch meine Kindheit zerstört haben.« Die kleine Anna erwachte um fünf Uhr früh durch einen unbekannten, beängstigenden Lärm und rannte ins Schlafzimmer ihrer Eltern. Sie standen vor dem Fenster zur Straße und beobachteten schockiert den Einzug der Deutschen unten auf »ihrem« Boulevard – Panzer, Fahrzeuge, Kanonen, Soldaten in hohen Stiefeln, ein ohrenbetäubender Krach –, und der Vater sagte: »Schau, das ist die deutsche Armee, der Krieg ist zu uns gekommen.« Als kleines Mädchen verstand Shoshana natürlich nicht gleich, was das bedeutete. Heute sagt sie dazu: »Diese Veränderung ist schwer zu beschreiben, sie kam plötzlich und war völlig unverständlich, und sie wurde immer bedrohlicher.

*Anna, Budapest 1942*

Sie beendete das Leben, das ich bis dahin gekannt hatte. Ich verwandelte mich von einem behüteten und umsorgten Mädchen zu einem Mädchen mit einem Koffer, von einer Bürgerin mit einer Identität und mit Rechten zu einem Flüchtling, der nichts besitzt.«

Schon am folgenden Tag wird Anna von der Schule suspendiert. Ihr geliebtes Kindermädchen muss das Haus verlassen, weil es nach den neuen Verordnungen nicht mehr bei Juden arbeiten darf. Bevor die Nanny geht, näht sie noch den gelben Stern, ohne den Juden nicht mehr auf die Straße dürfen, auf Annas Jacke und einen etwas kleineren auf das Kleid ihrer Puppe. Die Kleine darf nicht mehr in den Park oder in den

Tiergarten, nicht einmal ins Eisgeschäft. Die Menschen auf der Straße begegnen ihr und ihrer Mutter mit argwöhnischen Blicken und wechseln die Straßenseite.

Vieles versteht das kleine Mädchen nicht: »Warum gehen Papa und Mama nicht mehr zur Arbeit? Warum ist meine Nanny verschwunden? Und warum kommt heimlich beinahe jeden Abend ein blonder junger Mann in Naziuniform zu uns nach Hause?« Man erklärt ihr, dass es ein Freund aus dem zionistischen Untergrund ist, der hilft, die Fälschung der Papiere für jüdische Flüchtlinge aus Polen mit der Druckerei in der Redaktion ihres Vaters abzustimmen.

Und immer wieder gibt es Bombenalarm, bei Tag und bei Nacht sitzt Anna mit allen anderen viele Stunden lang im Luftschutzkeller unter dem Haus: »Dieser Keller war schrecklich eng und nie im Leben für Dutzende von Leuten gedacht. Und wenn wir dann endlich rauskonnten, sahen wir jedes Mal die Straßen voll von Geröll, beschädigten Gebäuden und riesigen Bränden. Das waren die Bomben der Alliierten auf Budapest ...«

## Du bist jetzt Christin

Eines Tages erscheint eine fremde Frau in der Wohnung, und die Eltern erklären Anna, dass sie mitgehen muss. Die Frau, eine Mitarbeiterin des Vaters, wird das Kind in ihr Heimatdorf mitnehmen, damit ihm nichts geschieht bei der Bombardierung ... Anna muss sich von den Eltern trennen, und die Fremde nimmt sie mit zur Bahnstation. Auf dem Weg dorthin entfernt sie den Stoffflecken mit dem gelben Stern: »Ich war sicher, dass alle die verbliebenen Löcher des Zwirns im Stoff meines Mantels sehen konnten ... Wir kommen in das Dorf. Die Frau bringt mich zu fremden Leuten und erklärt ihnen, dass ich die Tochter von Freunden bin, deren Haus verbrannt ist. Aber mir flüstert sie ins Ohr: ›Dein Name ist ab jetzt Anna Kisch, du bist Christin, und niemand darf erfahren, dass du jüdisch bist. Nimm dich in Acht!‹ Dann geht sie.«

Sie hat jedoch vergessen, Anna zu zeigen, von welcher Seite man sich bekreuzigt, wann man in der Kirche niederkniet und welche Gebete die Kinder vor dem Schlafengehen aufsagen. Und so findet sich die Siebenjährige zwischen Fremden wieder und fürchtet sich zu Tode. Sie weiß, dass die anderen Kinder jeden Moment entdecken könnten, dass sie beim Beten nur murmelt, oder dass die Schwestern am Sonntag in der Kirche plötzlich bemerken könnten, dass sie zögert, jede Bewegung mit Verspätung macht und eigentlich nur die anderen imitiert.

Nach einiger Zeit kommt eine andere Fremde zu ihr ins Dorf und wispert Anna zu, dass sie sie zu den Eltern zurückbringen würde. Die Kleine glaubt ihr vorerst nicht und befürchtet, man könnte sie verraten. Die unbekannte Frau flüstert ihr jedoch die Namen ihrer Eltern ins Ohr und sagt, Anna solle mit Kleidern zu Bett gehen, sie würde dann ans Fenster klopfen – als Zeichen für Anna, sich hinauszustehlen: »Und so finde ich mich mit dieser Frau mitten in der Nacht draußen auf den Feldern wieder, und wir laufen, um den Zug zu erreichen, und springen auf den Waggon und kommen nach Budapest – aber nicht in unsere Wohnung.«

Ihre heiß geliebte Puppe verliert Anna auf der Flucht, doch es gibt kein Zurück. Die Unbekannte bringt das kleine Mädchen in ein fremdes Haus. Zu seiner Erleichterung entdeckt es dort unter den anderen die Eltern. Sie haben ihr Heim verlassen müssen, da Juden dort nicht mehr wohnen durften. Die Eltern erklären Anna, dass sie sich auf eine Abreise in ein fernes Land vorbereiten. Sie hat keine Ahnung, wohin es geht, aber sie ist wieder mit Vater und Mutter vereint, und die Welt scheint ihr wieder in Ordnung.

**34**

# Der »Kasztner-Zug«

Noch am selben Abend verlassen Anna und ihre Eltern das Haus der Freunde und begeben sich zur nahe liegenden Synagoge. Shoshana kann sich nicht mehr an alles aus dieser Nacht des 30. Juni 1944 erinnern, nur daran, dass es entsetzlich eng dort war und laut. Es gab keinen Platz zum Sitzen, und es herrschte schreckliche Verwirrung. Sie erinnert sich jedoch genau an den langen Güterzug mit den 35 Waggons (von denen jeder ursprünglich für 36 Menschen oder acht Kühe vorgesehen war), der von deutschen Soldaten umzingelt ist. Sie erinnert sich an die Schreie, an das Gedränge, als beinahe 1700 Menschen in die Waggons verfrachtet werden: »Papa und Mama schützen mich und passen auf, dass ich nicht erdrückt werde, und wir sind gemeinsam in einem der Waggons. Es gibt keine Sitze, nur einige kleine Bänke und nur ein kleines Fenster ganz oben. Die Enge ist unerträglich, ein einziger Kübel mit Wasser steht in der Mitte und einer, worin sich die Menschen entleeren.«

Anna fährt acht Tage in dieser Eisenbahn, die manchmal anhält, die Richtung ändert oder retour fährt, ohne dass die Passagiere wissen, wohin es geht und was geschieht. Einmal bleibt der Zug für volle drei Tag stehen, und alle müssen aussteigen und auf den Feldern neben dem Bahngleis in Wind und Regen schlafen. Die Verpflegung, die sie mitgebracht haben, wird immer weniger. Schließlich werden sie alle zurück in die Waggons gestoßen, und es geht weiter Richtung Österreich. In Linz hält die Bahn an, und die Gruppe wird zu einem Gebäude geführt. Dort werden Männer und Frauen getrennt, und deutsche Soldaten drängen sie zur Entlausung in die Duschen. Shoshana erinnert sich an die Hysterie, die in diesem Moment ausgebrochen ist: »Ich war mit meiner Mutter und all den anderen schockierten Frauen zusammen – ich will uns allen die Beschreibung dieses traumatischen und erniedrigenden Ereignisses ersparen, von dem ich noch viele Jahre später immer wieder Albträume hatte –, aber nach all dem stundenlangen Schrecken kam letztendlich warmes Wasser aus den Wasserhähnen – unsere erste Dusche nach einer Woche ohne Waschmöglichkeit und Toiletten.«

Nach zwei Tagen geht die abscheuliche Reise weiter, in unbeschreiblicher Enge und stickiger Luft, die der kleinen Anna das Atmen schwer macht. Und sie erinnert sich an ihre stetigen Gedanken: »Nur nicht weinen, nicht stören, nicht in Panik geraten, nicht erschrecken, nur immer weitermachen …«, während der Zug fährt und fährt und sie unaufhörlich das Geräusch der Räder auf den Schienen hört und niemand weiß, wohin es geht.

Endlich hält die Bahn an, und die ganze Gruppe läuft zu Fuß weiter, vorbei an Dörfern und Wäldern bis zu einem großen, eingezäunten Lager – Bergen-Belsen, das Konzentrationslager im Norden Deutschlands, das kurze Zeit später vielen Tausenden Menschen den Tod bringen sollte. Das Tor öffnet sich, die Menschen gehen hinein, und das Tor schließt sich hinter ihnen.

## Bergen-Belsen

Shoshana meint, dass sie vieles aus dieser Zeit vergessen hätte, erinnert sich jedoch an zahlreiche Details: an die Registrierung im Lager, an die Liegen, drei übereinander, sie und ihre Mutter in der untersten (der Vater ist in einer Baracke nebenan), an die eisige Kälte – mittlerweile war es Winter geworden – und daran, wie sie mehrmals am Tag stundenlang bei jedem Wetter und ohne warme Kleidung zum Appell auf dem Hauptplatz des Lagers stehen mussten. Und sie erinnert sich an die Angst vor den Tritten der Soldaten und vor ihren

Hunden, an die Dunkelheit in den Baracken, an den Kampf gegen Läuse, Flöhe und Wanzen sowie an den ständigen Hunger: »Wann immer ich mich seit damals dem Lager auch nur nähere, verspüre ich sofort wieder diesen beißenden Hunger!«

Es war die Zeit der Fliegerangriffe der Alliierten gegen Deutschland, und das dumpfe Dröhnen der Kampfflugzeuge begleitete die Lagerinsassen bei Tag und Nacht. »Ich könnte noch viel erzählen«, meint die Überlebende, »über das Leben im Lager, über die entsetzliche sanitäre Situation dort, über die Angst … Aber ich möchte lieber darüber erzählen, wie wir unsere Menschlichkeit bewahrt und überlebt haben.«

Shoshana, damals Anna Kolb, war unter den 1684 Menschen, die im »Kasztner-Zug« aus Ungarn entkommen waren und dank des Engagements und der Initiative von Rudolf Kasztner überlebt haben. Später war Kasztner eine sehr umstrittene Persönlichkeit in Israel und wurde öffentlich der »Kollaboration mit den Nazis« beschuldigt. Er hätte »seine Seele dem Teufel verschrieben«, hieß es damals. 1957 wurde der aus Siebenbürgen stammende Journalist in Tel Aviv von Rechtsextremen auf der Straße angeschossen und erlag schließlich seinen Verletzungen. Die Anschuldigungen gegen ihn wurden einige Jahre später widerrufen. Er war an der Spitze der Verhandlungen mit Adolf Eichmann gestanden, die Shoshana und den 1683 anderen ungarischen Juden das Leben gerettet hatten.

Eichmann soll den Zug, in dem sich auch die kleine Anna befand, nach langwierigen Verhandlungen mit Kasztner und seinem Team und nach dem Erhalt von drei Koffern voller Geld freigegeben haben. Doch dann gab es Schwierigkeiten, die Verhandlungen gerieten ins Stocken, und der Zug fuhr von Ort zu Ort, bis er schließlich in Bergen-Belsen landete, einem Lager, das den Insassen kaum Perspektive auf eine Zukunft ließ.

Wie lebt man also in so einem Lager? Shoshana weiß es: »Man versucht, eine gewisse Normalität zu bewahren – trotz allem – und alle seelischen und spirituellen Kräfte zu sammeln. Wir organisierten uns. Es gab Unterricht für uns Kinder, ich habe dort das Einmaleins gelernt. Es gab Regeln für den Umgang mit den anderen, für Reinlichkeit und Ordnung. Und es gab ein Kulturleben, mit Vorträgen und kleinen Konzerten, die abends im Halbdunkel abgehalten wurden. Sogar ich habe dort mit anderen Kindern ungarische Lieder gesungen. Die Religiösen haben die ›Kabalat Schabat‹ und die jüdischen Feiertage, so gut es ging, nach der Tradition organisiert. Und mein Vater, der in der internen Führung des Lagers sehr aktiv war, fand auch noch die Zeit, mir hebräische Lieder beizubringen. Der Glaube an die Menschheit, an die Würde und den Respekt für den anderen und der Glaube an die Zukunft, das war der Schlüssel zum Überleben, daraus haben wir unsere Kraft geschöpft!«

Die Gruppe wurde im Dezember 1944, zwei Monate vor den Todesmärschen und der Hölle, die sich noch im Lager abspielen sollte, gerettet. Die Verhandlungen mit den Nazis waren schlussendlich doch erfolgreich gewesen, und der Lagerkommandant sowie einige SS-Offiziere verkündeten, dass der Zug mit den »Kasztner-Juden« in die Schweiz weiterfahren dürfe. »Wir waren euphorisch«, erzählt Shoshana, »aber für den sechs Kilometer langen Fußmarsch im Regen und in bitterer Kälte bis zur Bahnstation haben wir etwa sechs Stunden gebraucht, weil wir so geschwächt waren.« Als der Zug um elf Uhr abends in die Station einfuhr, entdeckte Anna, dass die Waggons diesmal Sitze hatten und – noch viel wichtiger – geheizt waren! Nahrungsmittelkonserven wurden ausgeteilt und Brot … Die Fahrt führte sie durch ganz Deutschland zurück nach Österreich und von dort in die Schweiz. In St. Gallen bekamen sie Decken und warme Kleider, und Anna saß erstmals wieder an einem gedeckten Tisch: »Ich hatte beinahe vergessen, wie sich das anfühlt!«

Von da an standen die Suche nach Überlebenden und die täglichen Probleme des Flüchtlingsdaseins auf der Tagesordnung.

## Und dann fing das Leben erst richtig an

Anna kam schließlich schon 1945 im Alter von achteinhalb Jahren allein mit der Jugend-Aliah nach Israel, das damals noch Palästina hieß und von den Briten verwaltet wurde. Sie wurde im Kibbuz Dan an der Südgrenze aufgenommen. Ihre Eltern sollte sie erst ein Jahr später wiedersehen, nach einer sehr einsamen und schwierigen Eingewöhnungsphase, in der sie völlig zu sprechen aufgehört und monatelang kein einziges Wort von sich gegeben hatte. Jedes Mal, wenn die anderen Kinder nach der Schule zwischen vier und sieben Uhr zu ihren Eltern durften, wartete die Kleine inzwischen völlig allein auf einer Bank vor dem Kinderhaus des Kibbuz. Zuvor bei der Registrierung, als Anna das Schiff verließ, wollte man sie Chana nennen: »Das klingt ja ähnlich wie Anna. Aber ich entschied mich für Shoshana, das schien mir moderner.« Damit begann ein neuer Lebensabschnitt, der Aufbau eines neuen Lebens, einer neuen Identität.

Shoshana Hasson hat das Konzentrationslager überlebt, doch das Schuldgefühl darüber, dass so viele andere umkommen mussten, hat sie noch lange begleitet. Und sie ist im Laufe ihres Lebens Zeugin von vielen weiteren Kriegen gewesen. Den israelischen Unabhängigkeitskrieg erlebte sie als Schulmädchen, den Sinaikrieg als Soldatin, den Sechstagekrieg und den Jom-Kippur-Krieg beim Radiosender »Kol Israel«, den ersten Libanonkrieg schon mit ihrem fünfjährigen Sohn Gideon, dazu kamen noch andere Kriege und Zwischenfälle und die militärischen Operationen in Gasa, an dessen Grenze ihr ehemaliger Kibbuz liegt: »Was mir in all diesen Krisen Kraft gegeben hat, waren immer wieder die Worte meines Vaters über den Glauben an die Menschheit, an den Menschen, jeden Menschen«, sagt sie heute.

Weil ihr zwei Jahre an Grundschule fehlten und sie in einer völlig neuen Sprache lernen musste, hatte sie große Wissenslücken und schaffte den Schulabschluss vorerst nicht. Dennoch machte sie eine Musikausbildung und wurde Musiklehrerin, dirigierte kurzfristig sogar ihren eigenen Chor und sang im Rinat-Chor, der die klassische Musikszene in Israel wesentlich prägte. Shoshana half auch mit, die Werbeabteilung im israelischen Radio aufzubauen, denn zu der Zeit gab es dort noch keine Werbeeinschaltungen. Später begann sie noch ein Studium in Kunstgeschichte und konzipierte schließlich die beiden Museumsgeschäfte, von denen sie eines 20 Jahre lang leitete. Sie sind bis heute topaktuell, und vor allem der größere Shop im Eretz Israel Museum ist eine beliebte Verkaufsplattform für israelische Künstler und Designer im Bereich von Keramik und Judaika.

Heute sagt die geborene Ungarin von sich: »Ich war eine Prinzessin unter den Flüchtlingen und Überlebenden, denn ich habe mit meinen Eltern überlebt ...« Doch es sind junge Einwanderer wie sie, die alles aufgegeben oder verloren haben und sich hier in Israel neu erfunden und eine neue Gesellschaft mit allem, was dazugehört, erschaffen haben. Shoshanas Vergangenheit ist noch immer ein wichtiger Teil ihrer Identität, und sie trifft sich bis heute mit den Überlebenden des »Kasztner-Zuges« Jahr für Jahr am Todestag ihres Retters bei seinem ehemaligen Haus zu einer Gedenkzeremonie.

Die Museumsshops waren nur eine Episode in ihrem Leben, ein kleiner Teil ihrer Tätigkeit und ein Zeugnis dafür, dass man auch nach so viel Leid und Verlust zu einem verantwortungsbewussten, fähigen und kreativen Mitglied der Gesellschaft werden, ja sogar einen neuen Staat mitaufbauen kann.

# 3

## Israel und Österreich – kein Vergleich

**Ben Segenreich**

»Israel und Österreich – zwei junge Kleinstaaten mit vergleichbarer Einwohnerzahl – zwei stabile Demokratien – jeder in einer geografischen Brückenlage, jeder dadurch belastet, die bescheidene Fortsetzung eines großen, versunkenen Reiches zu sein, jeder auf der Suche nach sich selbst und nach seinem künftigen Platz. Je liebevoller der Glanz der gemeinsamen Geschichte bestaunt wird, je aufrichtiger das Elend dieser Geschichte betrauert wird, desto größer ist die Chance, in der Zukunft wieder zueinanderzufinden.«

Diese Sätze habe ich 1993 geschrieben, als Schlussbetrachtung einer aufwendigen Fernsehdokumentation, die ich mit Ernst Grandits gestaltet habe. Unter dem Titel »Zwischen Wien und Jerusalem« haben wir in drei Mal 45 Minuten »Österreichs Beitrag zum jüdischen Staat« – das war der Untertitel – über einen Zeitraum von gut 200 Jahren beleuchtet. Der Ton mag, wie ein solches Opus es verlangte, ein bisschen salbungsvoll gewesen sein, aber die Aussage passt fast ein Vierteljahrhundert später, nach weiteren Aufregungs- und Normalisierungsschüben im Verhältnis der beiden Länder, irgendwie noch immer. Man könnte sogar sagen, dass sie rein technisch noch besser zutrifft als damals, weil die Einwohnerzahlen Israels und Österreichs jetzt mit je rund 8,7 Millionen fast exakt gleich sind (1993 hatte Österreich noch einen Vorsprung von 2,5 Millionen).

Man könnte aber auch sagen, dass jeder Vergleich zwischen Israel und Österreich an den Haaren herbeigezogen ist. Österreich liegt wohlhabend, friedlich, krisenfest und grün im Herzen Europas. Es wird daher, zu seinem Glück, von der Weltpresse, und mithin auch von der israelischen Presse, kaum wahrgenommen – mit punktuellen Ausnahmen, wenn etwa die FPÖ ein besonders gutes Wahlergebnis erzielt, oder wenn in Amstetten ein dämonischer Vater verhaftet wird, oder wenn Flüchtlingszüge das Land durchqueren. Israel hingegen liegt in einer ärmlichen, sandigen, chronisch instabilen Weltgegend. Schon seine Erwähnung löst in vielen Köpfen Assoziationen mit »Krise« und »Gefahr« aus, und Israel erhält viel Aufmerksamkeit in den Weltnachrichten. Warum das so ist, und ob das seine Berechtigung hat, ist ein Kapitel für sich. Obwohl (oder vielleicht eher weil) sich die Medien über Jahrzehnte so viel mit Israel befasst haben, kursieren in Österreich, und wahrscheinlich nicht nur dort, wirre Vorstellungen von dem Land. Ein Beispielfall war Andrea, eine fröhliche junge Wienerin, die wir in den 1990er-Jahren als Au-pair-Mädchen für unsere damals kleinen Töchter importiert haben. Andrea war ganz enttäuscht, weil sie in Tel Aviv keine Kamele gesehen hat. Positiv überrascht sind hingegen jene, die insgeheim damit gerechnet haben, dass ihnen in Israel ständig die Kugeln um die Ohren pfeifen würden: »Es gibt ja gar keine Soldaten auf den Straßen!«, ist eine Bemerkung, die ich unzählige Male von Besuchern aus Österreich gehört habe.

Spiegelbildlich begegne ich bei Israelis oft einem noch oberflächlicheren Wissen über Österreich. Die Frage »Welche Sprache spricht man in Österreich?« oder »Spricht man dort Österreichisch?« lässt mich noch immer zusammenzucken, obwohl ich mich doch daran gewöhnt haben müsste. Mit einer neuen Variante hat mich vor Kurzem eine Geschäftsfrau in Jerusalem gepeinigt: »Gehört Österreich zu Deutschland?« Da fiel mir auch wieder ein, dass ich bis zum Zusammenbruch der Sowjetunion öfter gefragt worden war: »Ist Österreich ein kommunistisches Land?« Kaum ein Israeli wird den Namen eines österreichischen Bundeskanzlers der letzten 25 Jahre nennen können, während umgekehrt einige israelische Regierungschefs, von Jizchak Rabin und Schimon Peres über Ariel Scharon bis Benjamin Netanjahu, in Österreich ein Begriff sein dürften. Natürlich, die üblichen Klischees sitzen auch in israelischen Hinterköpfen: Man weiß gewöhnlich, dass Mozart, der Walzer, Apfelstrudel (gesprochen »Eppelstrudel«) und Skifahren etwas mit Österreich zu tun haben. Gebildeteren Israelis ist bewusst, dass Österreich vor mehr als 100 Jahren ein Brennpunkt der Weltkultur war, wo Titanen wie Sigmund Freud, Gustav Mahler oder Gustav Klimt wirkten. Und wer die israelischen Sportkanäle konsumiert, hat sich vielleicht gemerkt, dass David Alaba Österreicher ist. Aber viel mehr braucht man da nicht zu erwarten.

## Berührungspunkte

Dabei gab es in der Geschichte doch so viele Berührungspunkte. Der Staat Israel ist die, mehr oder weniger geglückte, Verwirklichung des Zionismus. Und wenn es, von Schabtai Zvi über Napoleon bis Leon Pinsker, unzählige diffuse Pläne zur Heimführung der verstreuten Juden ins Land Israel gegeben hat, so ist letztlich Wien der Ausgangspunkt der modernen jüdischen Nationalbewegung und in der Anfangsphase die Welthauptstadt des Zionismus gewesen. Schon der Ausdruck »Zionismus« wurde in Wien geprägt – sein Schöpfer war ein bemerkenswerter Wiener, der heute weithin vergessen ist. Der Journalist und Denker Nathan Birnbaum gebrauchte 1890 in der von ihm in Wien herausgegebenen Zeitschrift »Selbst-Emancipation« erstmals die Worte »zionistisch« und »Zionismus«. Nur wenige Jahre später hatten diese Begriffe in ganz Europa Zugang zu Presse, Literatur und Diplomatie gefunden und wurden etwa vom deutschen Kaiser Wilhelm II. mit Selbstverständlichkeit verwendet. Ganz und gar nicht vergessen ist ein anderer Wiener Journalist, Theodor Herzl, nach dem in Israel eine Stadt, Herzlia, und in jeder anderen Stadt eine Straße benannt wurde. Herzls Broschüre »Der Judenstaat« war ein »Versuch einer modernen Lösung der Judenfrage« und die Initialzündung des politischen Projekts, aus dem Israel erstand. Das beim ersten Zionistenkongress 1897 in Basel gewählte Aktionskomitee bestand aus fünf Österreichern. In Wien befand sich das Zentralbüro der Zionisten, in Wien gab Herzl ab 1897 das zionistische Zentralorgan »Die Welt« heraus.

30 Jahre später, als die Grundsteine des jüdischen Staates schon gelegt waren, war der Austromarxismus eine Quelle der Inspiration für die Aufbaugeneration. »Wir haben sehr intime ideologische Beziehungen mit der sozialistischen Bewegung in Österreich gehabt«, sagte mir in einem Interview in seinem Kibbuz Givat Haim einmal Jizchak Ben-Aharon, der legendäre frühere Chef des israelischen Gewerkschaftsbundes Histadrut, »weil wir auch hier in Palästina auf der Suche nach einem dritten Weg zwischen dem Kommunismus und der Sozialdemokratie waren«. (Ben-Aharon selbst war übrigens 1906 in der Bukowina geboren und damit ein deutschsprachiger Alt-Österreicher.) »Die Arbeiterzionisten sahen in den Austromarxisten den großen Bruder in der Arbeiterbewegung, wir hatten daher den gebührenden Respekt, und sie haben uns in vielem beeinflusst«, bestätigte Jizchak Ilam, Jahrgang 1900, der sein Leben lang ein aufopferungsvoller, bescheidener Funktionär verschiedener linkszionistischer Gruppierungen gewesen war und in den 1950er-Jahren als Generaldirektor des Arbeitsministeriums gedient hatte, als es von der späteren Ministerpräsidentin Golda Meir geleitet wurde. »Ich war 1925 in Wien«,

*Theodor Herzl in Palästina, 1898*

sinnierte er, »und habe dort nicht nur Otto Bauer gehört, sondern auch eine Rede von Karl Seitz, eine beeindruckende
Rede!« Als im Februar 1934 in Wien der Bürgerkrieg losbrach,
lebten die Arbeiter in Tel Aviv das Drama mit. Die Gewerk-
schaftszeitung »Davar« berichtete auf Seite eins: »Seitz und
Renner verhaftet – die Arbeiter von Wien kämpfen wie die
Löwen.« »Ich war damals Sekretär der Mapai in Tel Aviv«,

45

erinnerte sich Ben-Aharon, »wir haben einen Aufruf vorberei-
tet und alle Arbeiter zum Spenden aufgefordert, und ab fünf
Uhr früh standen an dem Tag Tausende Arbeiter da, die
strömten von den Baustellen und von den Fabriken herbei
und standen stundenlang in der Reihe, um ihre Spenden abzu-
geben. Und wir haben auch eine sehr beträchtliche Summe
von Tausenden von Pfund Sterling nach Wien geschickt. Die
Solidarität mit der revolutionären Haltung der Wiener Arbeiter war sehr tief.« Ilam organisierte diese Aktion. Die Spender
wurden später in einer Broschüre verewigt. Ganz oben auf der
Liste steht David Ben-Gurion, der Israels erster Ministerpräsident werden sollte. Er spendete ein ganzes englisches Pfund,
was fast dem Wochenlohn eines Arbeiters entsprach. Noch
60 Jahre danach war Ilam stolz darauf, dass »unsere Spende
damals die größte war, nicht nur relativ, sondern absolut unter
den Spenden der Arbeiter der ganzen Welt«.

Die österreichische Arbeiterbewegung hat auch, so könnte
man überspitzt sagen, zum Aufbau der israelischen Armee
beigetragen, denn deren Keimzelle, die Selbstwehrgruppe
»Hagana«, arbeitete mit dem Wiener »Schutzbund« zusammen. »Wir haben Hilfe gehabt vom Schutzbund bei der
Beschaffung von Waffen, in Österreich und in Europa«,
bezeugte Ben-Aharon, »nicht sehr bedeutend, alles war ja
damals in kleinem Maßstab, 20 Revolver und 15 Gewehre
waren schon eine große Angelegenheit.« Eine andere, kaum
noch beachtete österreichische Spur findet sich etwa in der
Frischmann-Straße 33 in Tel Aviv – eine Miniaturausgabe des
Wiener Karl-Marx-Hofs. Das Vorbild für die ungewöhnliche
Architektur dieses und ähnlicher Gebäude waren die Arbei-
terfestungen des Roten Wien der Zwischenkriegszeit. Die weiten Innenhöfe sollten Platz für gemeinschaftliche Sozialein-
richtungen bieten: Küchen, Wäschereien, Kliniken, Bäder. In
der gleichen Periode war ausgerechnet Wien auch der Ort, wo

*Gründungskongress der rechtsgerichteten Neuen Zionistischen Organisation im Konzerthaus in Wien, 1935*

sich die rechtsgerichteten Zionisten selbstständig machten. Im Konzerthaus fand im September 1935 der Gründungskongress der »Neuen Zionistischen Organisation« statt, die gewissermaßen die Vorläuferin der rechtskonservativen Likud-Partei war – ein kleiner Urknall, aus dem das heutige politische Universum Israels entstanden ist.

## Kreisky und der Zusammenprall jüdischer Weltanschauungen

Der erste Ministerpräsident, den der Likud stellte, war Menachem Begin, und es war ein für die Beziehungen der beiden Länder unglücklicher Zufall, dass seine Amtszeit sich mit jener von Bruno Kreisky als Bundeskanzler Österreichs überschnitt. Allerdings hatten diese Beziehungen schon einige

Jahre vor der berühmten »Wende«, durch die 1977 erstmals die Rechte in Israel eine Parlamentsmehrheit bekam, den Charakter einer Dauerkrise gehabt, und das hatte eben mit Kreisky zu tun. Natürlich haben sich auch vor und nach Kreisky die großen Turbulenzen der israelischen Geschichte immer wieder in den Beziehungen niedergeschlagen – die Ängste vor dem Krieg von 1967 und die Euphorie danach, der Ölschock von 1973, die Libanonkriege, die Palästinenseraufstände, Saddam Husseins Raketen, das Oslo-Abkommen. Aber daran ist nichts Außergewöhnliches, an denselben historischen Leitereignissen haben sich auch die Beziehungen zwischen Israel und sonst einem Land orientiert. Und was man just in Österreich darüber dachte oder schrieb, wurde erstens von den Israelis kaum registriert und konnte ihnen zweitens von der praktischen Bedeutung her relativ gleichgültig sein.

Österreich ist indessen, wenn es sich zu nahostpolitischen Themen zu Wort meldet, aus israelischer Sicht nun doch wieder kein beliebiges Land. Es liegt mitten in jenem Europa, das der frühere sozialdemokratische Knesset-Vorsitzende Schewach Weiss, ein Schoah-Überlebender, als »gefrorenes Meer von jüdischem Blut« bezeichnete, und viel von diesem Blut war von Österreichern vergossen worden. Insgesamt ist Österreich aber auch aus dem Blickwinkel der NS-Belastung in israelischen Augen ein kleiner Fisch geblieben, die Harpunen wurden auf den großen Hai Deutschland gerichtet. Israel schluckte, teils aus Arglosigkeit, teils aus realpolitischem Kalkül, die bequeme und bis 1991 ungeniert vertretene Staatsdoktrin, dass Österreich nicht Nazideutschlands Handlanger gewesen sei, sondern dessen erstes Opfer. Schon 1950, 15 Jahre vor dem Austausch diplomatischer Vertreter zwischen Israel und Deutschland, nahmen Israel und Österreich fast beiläufig konsularische Beziehungen auf. Zu Kampagnen und Demonstrationen gegen die Annahme von »Wiedergutmachung« aus

Deutschland, wie sie sich 1952 hochschaukelten und in einem physischen Sturm auf das Parlamentsgebäude in Jerusalem mit Dutzenden Verletzten gipfelten, ließ sich wegen Österreich niemand hinreißen. Deutsche Filme waren damals in Israel verboten, die liebliche österreichische »Sissi«-Serie mit der jungen Romy Schneider hingegen sehr populär.

Wirklich aufregend und außergewöhnlich in den Beziehungen während der ersten 50 Jahre nach der Gründung Israels war eigentlich nur Bruno Kreisky, und da kann nicht einmal Kurt Waldheim mithalten. Die Komplikationen um den Bundespräsidenten mit den Erinnerungslücken führten zwar zur Herabstufung der diplomatischen Beziehungen, die »Waldheim-Affäre« war aber in erster Linie ein österreichisches Problem. Kreisky hingegen tangierte Israels Interessen und zugleich dessen Seele. Man konnte sich ja wirklich des Eindrucks nicht erwehren, dass Kreisky, wenn es um jüdische oder israelische Angelegenheiten ging, irgendwie auszurasten pflegte. An dieser Stelle muss ich an eine »Kreisky-Analyse« denken, die ich einmal in einem Interview von Meschulam Rath hörte, dem unter dem Vornamen Maxi, der viel besser zu ihm passte als das pompöse Meschulam, in Wien geborenen Bruder des bekannten Journalisten Ari Rath: »Der Kreisky hat einen Vogel gehabt, der hat einen jüdischen Vogel gehabt, das ist nicht anders zu erklären«, resümierte, eher ratlos als vorwurfsvoll, der Rechtsanwalt und Ex-Diplomat. Der Katalog von Kreiskys einschlägigen »Sagern«, wie man das in Wien nennt, ist lang. »Wenn die Juden ein Volk sind, so ist es ein mieses Volk«, lautet der berühmteste Satz, der Kreisky zur Frage der jüdischen Identität entschlüpfte. Und bei Begin irritierte ihn offenbar nicht nur die politische Einstellung, sondern auch dessen Herkunft – Kreisky bezeichnete den israelischen Regierungschef als »kleinen politischen Krämer« und »kleinen polnischen Advokaten oder was er auch ist« und

49

fügte hinzu: »Sie sind dem Normalen so entfremdet, sie denken so verdreht, diese Ostjuden.« Israel als »Polizeistaat«, »semifaschistisches Land« oder »Regime der Apartheid« zu etikettieren war für Kreisky Routinesache. So tief die Differenzen auch gewesen sein mögen, es ist ein erstaunlicher Ton, wie er für einen demokratischen Politiker sogar gegenüber Feinden völlig unüblich ist – und der zuweilen barsche, aber doch überwiegend charmante Kreisky hat ihn auch, soweit bekannt, gegenüber keinem anderen Staat als Israel und keiner anderen Gruppe als den Juden jemals angeschlagen. »Kreiskys Israel-Beschimpfung – Absicht oder Panne?« rätselte denn auch das Nachrichtenmagazin »profil« einmal in einer Titelgeschichte, als ob dies einen Unterschied gemacht hätte. Der Eindruck einer »Panne« entstand immer wieder, weil die besonders scharfen Spitzen meist wie nebenher in Gesprächen mit Journalisten fielen (was Kreisky nicht hinderte, sie später in seinen Memoiren zu zitieren). Ein sympathischer Zug von Offenheit des »Journalisten-Kanzlers« war dabei, dass Kreisky im Telefonbuch stand. Journalisten konnten ihn spät abends einfach zu Hause anrufen, was ich in der Zeit, als ich nebenbei als Wiener Korrespondent der israelischen Tageszeitung »Maariv« arbeitete, auch regelmäßig ausgenützt habe. Kreisky hob meist selbst ab und meldete sich mit einem hastigen, brummigen »Ja?«, gab dann aber bereitwillig Auskunft – er schien immer daran interessiert, gerade in Israel gehört zu werden.

Die Reaktionen der Israelis waren, wie zu erwarten stand, im Stil um nichts besser als Kreiskys Ausfälle. Es gab bissige Angriffe auf Kreiskys Person (er sei »ein Mann, der seine Mutter und seinen Vater hasst«, ätzte Begin), Bombendrohungen und Schmieraktionen gegen österreichische Einrichtungen. Im Schulunterricht diente Kreisky, wie Tom Segev in seinem Buch »Die siebte Million« anführt, als schlechtes Beispiel (im Lehrerhandbuch empfohlenes Diskussionsthema: »Was können wir über die Juden lernen, die ihre Herkunft verleugnen wollen? Ist das heutzutage eine verbreitete Erscheinung? Versuche, eine Verbindung zu Bruno Kreiskys jüngsten Erklärungen herzustellen.«).

Dabei ist in Israel, wie ich in Gesprächen auch mit an Österreich interessierten Israelis immer wieder festgestellt habe, weithin unbekannt oder vergessen, was an Kreiskys Haltung nun wirklich nahezu unbegreiflich war: sein Liebäugeln mit alten Nazis. Kreisky mag seine Positionen zum israelisch-arabischen Konflikt in provokanter Weise vertreten haben, er hat Jassir Arafat schon empfangen, als Terrormassaker an Kindergartenkindern und Autobuspassagieren noch das zentrale Element der palästinensischen »Politik« waren – doch insgesamt ließ und lässt sich auch in Israel über Kreiskys Nahostengagement diskutieren, und niemand wird abstreiten können, dass er mit vielen seiner Prophezeiungen recht behalten hat. Kaum einem Israeli ist indessen bewusst, dass in Kreiskys erstem Kabinett mehr ehemalige Nazis saßen (nämlich fünf und dazu noch ein Generalstabsoffizier der Hitler-Armee) als in irgendeiner anderen österreichischen Regierung. Ausgerechnet in Kreiskys Amtszeit wurden in Österreich die Prozesse gegen Naziverbrecher eingestellt. Und besonders illustrativ waren Kreiskys Reflexe in der »Kreisky-Peter-Wiesenthal-Affäre«, die im Herbst 1975 die österreichische Innenpolitik erhitzte. Der jüdische sozialistische Bundeskanzler solidarisierte sich mit Friedrich Peter, dem früheren Angehörigen einer SS-Mordbrigade, und drohte Simon Wiesenthal, dem Schoah-Überlebenden, eine parlamentarische Untersuchungskommission an.

Natürlich lässt Kreiskys militante Nachsicht mit Nazis auch seine Haltung zum israelisch-palästinensischen Konflikt in einem besonderen Licht erscheinen. Um aber das Bild noch komplizierter zu machen, muss auch noch die vorbildlich humanitäre Brückenfunktion Kreisky-Österreichs bei der Auswanderung sowjetischer Juden eingefügt werden. Rund eine halbe Million Juden ließ die Sowjetunion in den 1970er-Jahren ziehen, und Österreich war das einzige Land, das ihnen aufgrund eines Abkommens mit Israel die Durchreise gewährte, was von den Israelis immer gewürdigt wurde. Damit verknüpft ist aber wiederum eines der schwersten Zerwürfnisse zwischen den beiden Ländern: die »Schönau-Affäre«. Arabische Terroristen hatten Ende September 1973 bei Marchegg einen Zug überfallen und sowjetjüdische Auswanderer als Geiseln genommen. Um Blutvergießen zu vermeiden, erfüllte Kreisky die Forderung der Entführer und schloss das Durchgangslager im Schloss Schönau südlich von Wien. Israels Ministerpräsidentin Golda Meir eilte wütend auf den Ballhausplatz, um Kreisky umzustimmen – vergeblich. So schlecht waren die beiden aufeinander zu sprechen, dass daraus die pikante Geschichte um das »Glas Wasser« entstand. Kreisky habe ihr in seiner Kanzlei »nicht einmal ein Glas Wasser angeboten«, klagte Meir nach ihrer Heimkehr vor der staunenden Presse. Mein ebenfalls aus Wien stammender, inzwischen verstorbener Korrespondentenkollege Joseph Canaan war bei der Pressekonferenz dabei. »Das hat auf uns alle einen enormen Eindruck gemacht«, erinnerte er sich, »denn wir kennen ja die Österreicher, freundlich sind sie, zuvorkommend – nicht einmal ein Glas Wasser? Das, was Golda sagte, klang sehr glaubwürdig. Wenn das wirklich wahr gewesen ist, dass ihr der Herr Kreisky nicht einmal ein Glas Wasser anbot, welche negative Einstellung zu Israel und all den Fragen des Nahen Ostens muss er damals gehabt haben?«

Die Anekdote um das Glas Wasser tat Kreisky in seinen Memoiren als »reine Erfindung« ab – er habe Golda Meir ganz im Gegenteil eingeladen, »eine Jause mit mir einzunehmen«. Vier Tage später brach der Jom-Kippur-Krieg aus, Schönau

*Bruno Kreisky empfängt Golda Meir in Wien, Oktober 1973*

war vergessen, und im Übrigen ging die Durchwanderung
ohnehin weiter, weil Kreisky mit echt Wiener Schmäh diskret
ein anderes Lager aufmachte. Wie das mit dem Glas Wasser
wirklich gewesen war, konnte oder wollte mir Meron Medzini,
Golda Meirs damaliger Pressesprecher, den ich zu der unge-
mütlichen Begegnung in Wien befragte, nicht sagen: »Sie war
so beschäftigt, vielleicht hat sie nicht aufgepasst, als ihr etwas
angeboten wurde«, wich er schmunzelnd aus, »sie war ja keine
Wassertrinkerin, sondern eine Kaffeetrinkerin.« Doch in der
Substanz habe es sich um den »unvermeidlichen Zusammen-
prall zweier dickköpfiger Persönlichkeiten« und, durch sie
personifiziert, zweier jüdischer Weltanschauungen gehandelt:
Meir habe in Kreiskys »Kapitulation vor dem Terror« die
»Manifestation einer Diaspora-Mentalität« gesehen. Genau
darin liegt wohl der Schlüssel zu den Emotionen, die Kreisky
und die Israelis beieinander auslösten. Kreisky hat, wie man es
mit einem suspekten Klischee auszudrücken pflegt, »seine

**53**

jüdische Herkunft nie verleugnet« – warum sollte er auch, er war doch wohl kein Lügner und die Herkunft doch wohl keine Schande? Gleichzeitig schien er alles zu tun, um sich als Sozialist, Agnostiker und Österreicher von dieser »Herkunft« aus der »jüdischen Schicksalsgemeinschaft« zu distanzieren, und wehrte sich störrisch, wenn er irgendeinen Versuch der Vereinnahmung zu einer automatischen »jüdischen Solidarität« wahrzunehmen glaubte. Doch gerade sein ausgeprägter Wunsch, als echter Sohn Österreichs akzeptiert zu werden (»Wo anders soll mein eigenes Land sein, ich frage, wo soll das sein?«), hinderte Kreisky daran, zwanglos und »frei« von seinen jüdischen Wurzeln zu handeln, und im Bestreben, sich loszureißen, ging er politisch sehr weit. Zur Nazivergangenheit und -gegenwart lieferte er jene Verharmlosungs- und Absolutionssprüche, die viele seiner österreichischen Landsleute gerne hörten, und ausgerechnet zum scharf antiisraelischen arabischen »Sozialismus« von Nasser, Gaddafi und Arafat entwickelte er ein derart romantisches Verhältnis (»Ich habe eine sehr tiefe seelische Beziehung zu ihm«, sagte Kreisky über Arafat), dass ausgerechnet das übervorsichtige kleine Österreich als erster westlicher Staat die PLO anerkannte.

Aus israelisch-zionistischer Sicht stellte Kreisky damit die perfekte Antithese zu allem dar, was in den 1970er- und frühen 1980er-Jahren noch heilig war. Dass ein Jude das Recht für sich in Anspruch nahm, aus der jüdischen Geschichte einfach auszusteigen und sich für die Assimilation in die klassenlose oder bürgerliche Gesellschaft zu entscheiden, grenzte an Blasphemie und Verrat – zumal, wenn das nicht in taktvoller Geräuschlosigkeit vollzogen wurde, sondern mit flagranten Symptomen von »jüdischem Selbsthass« einherging. Mit seiner vorgelebten Überzeugung, »dass der Zionismus nicht die einzige Lösung der israelischen Problematik bildet«, durfte Kreisky einfach nicht recht haben, denn das hätte das Selbstbild, ja die

Existenzberechtigung des jüdischen Staates unterminiert. Trotzdem hat es auch in Israel Menschen gegeben, die durchaus Verständnis für Kreisky hatten. Der Ex-Wiener David Rubinger etwa, Israels vielleicht berühmtester Pressefotograf, hat Kreisky für eine Fotoreportage tagelang begleitet und dabei »auch seinen Schmerz mitgefühlt«: »Ich versuche, alles zu tun, um zu helfen, und man spuckt mir ins Gesicht«, jammerte Kreisky über die Israelis.

Von Rubinger erfuhr ich das verwunderliche Detail, dass Kreisky immer ein Foto seines Neffen bei sich trug – voller Stolz darauf, dass dieser »ein Hauptmann« bei der israelischen Armee war. Mosche Kreisky, der in den 1990er-Jahren in der Nähe des Kibbuz Maale Hachamischa zehn Kilometer von Jerusalem lebte, wirkte ein bisschen kauzig, er ließ sich lieber bei seinem Spitznamen Jossi rufen, und mit dem rötlichen Vollbart sah er seinem alten Onkel Bruno auf eine belustigende Art ähnlich. Er war zwar kein Hauptmann, aber immerhin Oberfeldwebel bei den Fallschirmjägern gewesen und wohnte mit Frau und Kindern in einem Haus knapp jenseits der »Grünen Linie«: Bruno Kreiskys israelischer Verwandter war also ironischerweise nicht nur ein ehemaliger Berufssoldat, sondern noch dazu ein »Siedler«. Doch Jossi kramte zärtlich in vergilbten Familienfotos, die Bruno Kreisky als Säugling zeigten, und ließ über diesen nichts kommen – »jeder, der meinen Onkel einen Antisemiten oder Judenhasser genannt hat, kann noch viel von meinem Onkel lernen«. Er sei ein »warmherziger Jude« gewesen, und »ich habe selbst gesehen, dass Bruno täglich in der Bibel gelesen hat, bevor er schlafen ging«. Jossis Vater Paul, um zwei Jahre älter als Bruno, war der einzige Bruder des Bundeskanzlers, er floh 1938 nach Palästina, wurde zum gläubigen Juden und ist 1993 in Jerusalem gestorben. Zu Jossis schönsten Erinnerungen gehört, dass der prominente Onkel ihn nach Wien einlud und der junge Israeli mit einer roten Nelke im Knopfloch auf dem Podium neben den Granden der Sozialistischen Partei Österreichs die Parade zum Ersten Mai abnahm. Mit dem Namen Kreisky in Israel aufzuwachsen, ist allerdings nicht ganz unproblematisch gewesen: »Es kommt vor, dass man mich fragt, ob ich der gewissen Familie Kreisky angehöre«, erzählte Jossi mit einer Mischung aus Schalk und Traurigkeit, »und da sage ich manchmal Ja, und manchmal sage ich Nein.«

War Bruno Kreisky nun ein in Israel verkannter Nahostvisionär, der für sein kleines Land zu groß und seiner Zeit weit voraus war? Im September 1993, zehn Jahre nach seinem politischen Abtritt und drei Jahre nach seinem Tod, kam es ja zu jener gegenseitigen Anerkennung zwischen Israel und der PLO, die Kreisky so beharrlich gepredigt hatte. Oder könnte es sein, dass Kreiskys Wirken sogar kontraproduktiv war und einen Zeitverlust verursacht hat, weil er die PLO anerkannte, ohne als Vorbedingung die Einstellung des Terrors zu fordern, und damit das Festhalten der Palästinenser am »bewaffneten Kampf« nur verlängert hat? Für Erwin Lanc, der unter Kreisky Innen- und danach kurze Zeit Außenminister war, stand fest, »dass die politische Bewusstseinsbildung, die von Kreisky drei Jahrzehnte hindurch betrieben wurde, die Voraussetzungen für den Übergang von einem dauerhaften Waffenstillstand zu einem dauerhaften Frieden im Nahen Osten geschaffen hat«. Jair Hirschfeld hingegen, der mitgeholfen hatte, die bahnbrechenden Geheimverhandlungen von Oslo einzuleiten, sah das differenzierter: »Historisch und strategisch waren Bruno Kreiskys Überlegungen, dass ein Verständnis zwischen Israel und der PLO notwendig ist, sicher richtig«, meinte der 1967 aus Wien eingewanderte Professor an der Universität Haifa, der Österreichs konkretesten Beitrag zum nahöstlichen Friedensprozess verkörpert. »Taktisch war es für Kreisky viel leichter, Konzessionen zu machen, als für Israel. Wahrscheinlich war seine Neigung, die palästinensischen Forderungen total zu unterstützen, vom Politischen her ungeschickt und unrichtig. Und historisch gesehen ist es eine Tatsache, dass weder er noch Uri Avnery, noch Lova Eliav, noch Issam Sartawi den Frieden gebracht haben.«

## Umbrüche

Anfang der 1990er-Jahre schien dieser Frieden plötzlich in Reichweite zu sein, eine Folge ineinander verzahnter regionaler und globaler Umwälzungen, die auch die Lage Israels veränderten. Weil die Sowjetunion zerbröckelte, kam den Palästinensern ihr mächtigster Schirmherr abhanden, während sich bei Israel altneue Freunde anstellten. In rascher Folge nahmen ab 1989 Ungarn, die Tschechoslowakei, Polen und Bulgarien mit Israel diplomatische Beziehungen auf. Russland folgte 1991, China und Indien 1992. Sogar der Vatikan, lange von theologischen Bedenken gehemmt, rang sich Ende 1993 endlich zu einem »Grundsatzabkommen« mit dem jüdischen Staat durch. Und 1994 schloss dann Jordanien, als zweites arabisches Land nach Ägypten, mit Israel einen Friedensvertrag. Das war dadurch möglich geworden, dass Israel und die Palästinensische Befreiungsorganisation (PLO) einander 1993 anerkannt und einen Zeitplan für die Übergabe von Territorium an eine zu schaffende Palästinensische Autonomiebehörde vereinbart hatten. Dabei wiederum hatten zwei Faktoren mitgespielt: die erste Intifada, also der 1987 begonnene Aufstand, bei dem die Palästinenser den Israelis mit Steinwürfen und brennenden Autoreifen zusetzten; und der Golfkrieg von 1991, in dem Israels Armee zum Zuschauen verurteilt war, während Tel Aviv und Haifa aus Saddam Husseins Irak wochenlang mit ballistischen Raketen beschossen wurden. Jizchak Rabin war damals mit seiner Arbeiterpartei in der Opposition. Bei einem Abendessen, bei dem ich neben ihm sitzen durfte, breitete er vor mir, worauf ich gar nicht gefasst war, mit Leidenschaft seine Sorgen und Überlegungen aus. Wenn die Israelis einen Krieg nicht mehr rasch ins feindliche Gebiet tragen konnten, wie es ihrer bisherigen Militärdoktrin entsprach, sondern ihre Metropolen nunmehr Raketenschlägen aus großer Entfernung ausgesetzt waren, dann wäre das Land in unerträglicher Gefahr. Aus dem Golfkrieg zog Rabin also den Schluss, dass Israel sich eiligst mit der arabischen Welt arrangieren müsse – und zu diesem Zweck wäre es notwendig, »zuerst mit den Palästinensern« zu reden. 1992 wurde Rabin erneut zum Chef der Arbeiterpartei und bald darauf auch wieder zum Ministerpräsidenten gewählt. Und Anfang 1993 stimmte er, zunächst im Geheimen, Kontakten mit der PLO zu, was er im Wahlkampf noch kategorisch ausgeschlossen hatte.

Es war ein verblüffender Umbruch, den kaum jemand in diesem Tempo kommen gesehen hatte, oder zumindest ich nicht, denn ich befand mich in jenem Spätsommer 1993 gerade in Frankreich, und die grandiosen Nahostpläne durchkreuzten rücksichtslos meine biederen Urlaubspläne. Als publik wurde, dass die Unterzeichnung eines historischen Abkommens bevorstand, düste ich mit Frau und kleiner Tochter zurück nach Tel Aviv. Statt in einem Loire-Schloss war ich am 2. September in Jericho und am 3. September in Gasa, jenen beiden Städten, in die Palästinenserchef Jassir Arafat, aus dem Exil in Tunis zurückkehrend, im Jahr darauf als Erste einziehen sollte.

Während die große Welt sich neu zu ordnen schien, räumte das kleine Österreich zu Hause auf. Von der Belastung durch die Präsidentschaft Kurt Waldheims befreit, unterzog es seine Deutung der eigenen Nazivergangenheit einer Revision, was sich natürlich auf das Verhältnis zu Israel auswirken sollte.

*Bundeskanzler Franz Vranitzky in Jerusalem im Interview mit Danielle Spera und Ben Segenreich, 1993*

45 Jahre nach seiner Gründung wurde der Judenstaat endlich von einem österreichischen Bundeskanzler offiziell besucht. (Willy Brandt war schon 20 Jahre zuvor als erster deutscher Bundeskanzler in Israel gewesen.) Als Franz Vranitzky am 9. Juni 1993 im sonnendurchfluteten Freiluft-Amphitheater der Hebräischen Universität Jerusalem auf dem Skopusberg ans Rednerpult trat, hielt wohl jeder, dem die Beziehung zwischen Israel und Österreich etwas bedeutete, den Atem an. Viele Österreicher »gliederten sich in die Nazimaschinerie ein, und einige stiegen in ihr auf und gehörten zu den brutalsten, scheußlichsten Übeltätern«, bekannte mit ruhiger Stimme der Vertreter des Landes, in dem Adolf Hitler geboren wurde, und »wir teilen die moralische Verantwortung, weil viele Österreicher den ›Anschluss‹ begrüßten, das Naziregime unterstützten und bei seiner Führung mitmachten«.

# Verkrampft

Ein Bann war gebrochen, und im Gefolge Vranitzkys sollten in den 1990er-Jahren reihenweise österreichische Politiker nach Jerusalem pilgern. Oft schien dabei jene gewisse Befangenheit in der Luft zu liegen, die manche Österreicher zu befallen scheint, wenn sie es mit Israelis oder allgemein mit Juden zu tun haben. Die Vorstellung, sie könnten womöglich das eben erst reparierte Verhältnis gleich wieder beschädigen, machte die österreichischen Gäste nervös, und das war begreiflich. Man wollte, insbesondere zum Thema der Schoah, bloß nichts sagen oder tun, was von den Israelis vielleicht falsch verstanden werden oder sie verletzen könnte. Bis heute hat man manchmal das Gefühl, dass das Hauptziel eines österreichischen Politikerbesuchs in Israel darin besteht, ja nur ohne Fauxpas wieder abzufliegen. Als besonders verkrampft empfand ich da Thomas Klestil, der 1994 als erster österreichischer Bundespräsident nach Israel kam – eine Mission, die umso heikler war, weil sein Auftritt ja auch an jenem Vranitzkys gemessen wurde. Natürlich legte Klestil, wie vom Protokoll vorgesehen, in der düsteren Zeremonienhalle der Holocaust-Gedenkstätte Jad Waschem einen Kranz nieder, und es ging auch alles gut.

Aber beim Abgang Richtung Wagenkolonne passierte etwas Unvorhergesehenes. Ein Kollege aus dem österreichischen Journalistentross richtete wie beiläufig an Klestil die Frage: »Herr Bundespräsident, war das eigentlich ein Kniefall?« Dabei muss man bedenken, dass es aus anatomischen Gründen, wenn man nicht mehr geschmeidig genug ist, um in die Hocke zu gehen, nur zwei Möglichkeiten gibt, einen Kranz niederzulegen: Entweder man beugt mit gestreckten Beinen den Oberkörper nach vorn, was aber bedeutet, dass man wenig elegant das Hinterteil hinausstreckt; oder man beugt ein Knie.

Klestil hatte also in Jad Waschem ein Knie gebeugt, ohne dass er oder sonst jemand daran einen Gedanken verschwendet hätte. Und nun so eine verflixte Glatteis-Frage mitten in einer Reise, für die jeder Schritt und jedes Wort sorgfältig im Voraus abgewogen worden waren! Ins kollektive Gedächtnis eingeprägt war ja noch das Bild vom Kniefall Willy Brandts vor dem Warschauer Ghetto-Mahnmal. Was war da bloß die angemessene Antwort? Wenn Klestil sagte, dass es ein Kniefall war, dann war das erstens nicht wirklich wahr und würde zweitens daheim in Österreich vielleicht als überzogene Geste oder gar als nationales Schuldbekenntnis gewertet werden. Aber wenn er sagte, dass es *kein* Kniefall war, dann würden die Israelis den Österreichern vielleicht vorwerfen, dass sie weniger Reue zeigten als die Deutschen, und der ganze schöne Besuch würde zum Fiasko. Unter den Journalistenblicken, die nun alle auf den Bundespräsidenten gerichtet waren, lief ein Mini-Psychodrama ab. Der gequälte Mann blieb lange, bange Sekunden stumm, hinter seiner Stirn arbeitete es. Dann gab Klestil sich einen Ruck und verkündete mit schwacher, doch irgendwie feierlicher Stimme: »Es war ein Kniefall.« Na ja, Klestils rechtes Knie hatte tatsächlich kurz die Bodenplatte berührt, als er die Kranzschleife richtete. Und irgendwelche Folgen hatten die Frage und die Antwort natürlich nicht.

## Die aufregendste Periode

Sehr lange sollte der neue Honigmond nicht dauern, denn bei den österreichischen Nationalratswahlen im Oktober 1999 bekam die FPÖ rund 27 Prozent der Stimmen. Zwar sollten in den Jahren danach auch in anderen europäischen Ländern FPÖ-verwandte Parteien erstarken, und heute hat man sich längst daran gewöhnt, dass rechtspopulistische, fremdenfeindliche Bewegungen auf derart hohe Stimmenanteile kommen. Aber ausgerechnet Österreich war halt seit der Nazizeit das erste Land, in dem das passierte. Die Israelis waren nicht die Einzigen, die entsetzt waren – die EU verhängte ja sogar Sanktionen über Österreich. Doch in Israel war man einerseits besonders empfindlich und andererseits mit der Materie nicht so gut vertraut.

Für mich war die Periode der »schwarz-blauen Wende« wohl die aufregendste meines Korrespondentendaseins. Natürlich habe ich davor und danach Einsätze gehabt, die gefährlicher waren oder Themen von, aus globaler Sicht, größerer Bedeutung behandelten. Aber bei Friedensvorstößen oder Terroranschlägen, bei Geschehnissen im Westjordanland, im Gasastreifen, auf den Golanhöhen, im Südlibanon oder im Sinai, bei israelischen oder palästinensischen Wahlen, bei Besuchen eines US-Präsidenten oder eines Papstes war ich als Reporter deutschsprachiger Medien ja fast immer nur ein Adabei. Mein Publikum war an dem, worüber ich berichtete, hoffentlich interessiert, aber davon nicht unmittelbar betroffen und nicht selbst Partei. Und bei allem Streben danach, meine Arbeit so gut wie möglich zu machen, wusste ich immer, dass etwaige Ungenauigkeiten, die mir in einer Reportage oder Analyse zu einem Nahost-Thema unterlaufen konnten, das Geschehen nicht beeinflussen und niemanden wirklich aufregen würden. Jetzt aber trug ich beim Drehen und Schreiben meiner Berichte plötzlich eine Art politische Mitverantwortung für den Umgang mit einer bösen bilateralen Krise. Über Wochen – zunächst wegen des Wahlausgangs, dann wegen des Regierungseintritts der FPÖ – war Österreich damals ein Spitzenthema in den Medien und den politischen Gremien Israels. Die wichtigen israelischen Zeitungen entsandten Sonderberichterstatter nach Wien. FPÖ-Chef Jörg Haider, in einem Studio in Klagenfurt sitzend, wurde über eine lange

Satellitenschaltung, die ich im Studio in Neve Ilan bei Jerusalem mitverfolgen durfte, vom führenden israelischen TV-Sender »Kanal 2« interviewt. Und die Österreicher, die unter der Heftigkeit der internationalen Reaktionen zusammenzuckten, wollten umgekehrt genau darüber informiert werden, was speziell die Israelis über sie sagten. Eine falsche Nuance in meinen Berichten konnte diplomatischen Wellengang auslösen.

Der Ton wurde schon dadurch bestimmt, dass die FPÖ auch von seriösen Nachrichtenmoderatoren in Israel regelmäßig als »neonazistisch« bezeichnet wurde. »Jeder vierte Österreicher wählte einen Neonazi zum Kanzler«, lautete die Schlagzeile der damals auflagenstärksten Tageszeitung »Jedioth Acharonoth«. Drei Tage nach den Wahlen hielt Außenminister David Levi in der Knesset eine Rede, die wie das Plädoyer eines empörten Staatsanwalts klang. »Die Wahlen in Österreich sind zwar eine innerösterreichische Angelegenheit, aber das Wahlergebnis, der Aufstieg einer neonazistischen Partei, ist eine Angelegenheit der aufgeklärten Welt und vor allem des jüdischen Volks und des Staates Israel«, zischte Levi. »Die verantwortungsbewussten Parteien mögen sich hüten und dieses Element nicht an der Regierung beteiligen – wenn sie das doch tun, dann wird das ein Schandfleck auf der ganzen Regierung sein, die das ganze Volk repräsentiert, auch jene, die diese Partei nicht unterstützt haben.« Die FPÖ beschwerte sich, weil für ihren Geschmack in meinem ORF-Bericht dem Originalton Levis zu viel Raum gegeben wurde – »Levi hat die Nerven verloren«, lautete Haiders Kommentar. Vor der österreichischen Botschaft in Tel Aviv, die sich damals noch in der engen Hermann-Cohen-Straße befand, demonstrierten, durch den Zorn auf Österreich zusammengeschmiedet, Schulter an Schulter junge Aktivisten der rechten Likud- und der ganz linken Meretz-Partei, die einander an und für sich spinnefeind

sind. Sprechchöre skandierten »Stoppt den Rassismus!« und
»Haider raus!«. Der Name war auf den improvisierten Plaka-
ten zwar »Hider« geschrieben, und das Wissen um die Verhältnisse in Österreich war seicht, doch die Emotionen hatten
Tiefgang: »Meine ganze Familie ist im Holocaust umgekommen, nur eine Großmutter hat überlebt«, sagte mir ein junges
Mädchen, das den Tränen nahe war, »darum bin ich hier, wir
wollen nicht, dass das auch uns passiert.«

Wolfgang Paul hatte das Pech, dass diese Turbulenzen ausgerechnet in seine Amtsperiode als österreichischer Botschafter in Tel Aviv fielen. Der feinfühlige, engagierte und von seinen israelischen Ansprechpartnern geschätzte Diplomat fand
sich plötzlich in der Rolle des Kugelfangs wieder. Am 14. Februar 2000 wurde Paul etwa vor den Diaspora-Ausschuss des
israelischen Parlaments zitiert. Im Korridor vor dem Sitzungs-
raum warteten Rudel von israelischen Journalisten auf seine
Ankunft. Ich bekam dabei mit, wie der Knesset-Reporter des
Ersten Kanals des israelischen Fernsehens mit seinem Kame-
rateam eine gemeine kleine Verschwörung ausbrütete. Die
Kollegen fingen Paul ab und redeten ihm wortreich ein, dass
Michael Melchior, der sanfte israelische Sozialminister, ihn in
seinem Büro ein paar Türen weiter kurz sehen wollte. Das
Kalkül: Weil offizielle Vertreter Österreichs jetzt boykottiert
wurden, müsste der arme Melchior dem armen Paul den
Handschlag verweigern, und der Eklat ergäbe spektakuläre
Exklusivbilder für die Hauptnachrichten. Da aber war mein
Moment gekommen, als Schutzengel herbeizuschweben und
die israelisch-österreichischen Beziehungen vor noch Schlim-
merem zu bewahren. »Vorsicht, das ist eine Falle – gehen Sie
nicht hin!«, raunte ich dem Botschafter zu. Der begriff sofort
und machte kehrt.

Paul blieb es aber natürlich nicht erspart, die Vorgänge in
seiner Heimat, über die er ja selber unglücklich war, erläutern

und rechtfertigen zu müssen. Die Ausschuss-Sitzung wurde zu einem Tribunal, bei dem Vertreter der verschiedenen politischen Lager Israels im Gleichklang Österreich anklagten. »Es ist schwer, mit der Tatsache umzugehen, dass so kurze Zeit nach der Schoah von Österreich wieder Stimmen der Vergangenheit ausgehen, erschreckende Stimmen«, sagte die Ausschuss-Vorsitzende Naomi Blumenthal vom Likud. »Ich werde in dieser Phase nicht mehr nach Österreich reisen, ich sage einem Österreich, das so eine Regierung hat, Adieu und nicht Auf Wiedersehen.« »Das größte Problem, Herr Botschafter, ist, dass Österreich auch so viele Jahre danach seine Verantwortung für die Schoah nicht verinnerlicht hat«, legte Ophir Pines-Paz von der Arbeiterpartei nach. Paul hielt dem entgegen, dass Österreich sich sehr wohl mit der Nazivergangenheit befasst habe. »Die Schoah hat in Österreich einen zentralen Platz in der öffentlichen Debatte«, versicherte er, »Antisemitismus hat im letzten Wahlkampf überhaupt keine Rolle gespielt«, und »das Land hat sich doch nicht binnen zwei Wochen verändert«.

Diese Sitzung, die an einem Vormittag stattfand, hatte noch ein kurioses, aber bezeichnendes Nachspiel. Durch die österreichischen Medien begannen am Abend plötzlich Irritationswogen zu laufen, die am nächsten Tag immer höher wurden. »Die israelische Regierung hat alle in Österreich lebenden Juden zur Auswanderung nach Israel aufgerufen«, lautete die Alarmmeldung, und »ihnen Schutz vor der neuen Wiener Regierung« angeboten. Das klang so, als hätte Israel vor Judenverfolgungen in Österreich gewarnt. Außenministerin Benita Ferrero-Waldner sah sich auch prompt veranlasst, den kolportierten Aufruf als »bedauerlich« zurückzuweisen, denn »Österreich ist nach wie vor ein ruhiges Land, in dem es keine Gewalt gibt«. Tatsächlich hatte es einen derartigen Aufruf aber gar nicht gegeben. Beim Hearing mit dem österreichischen Botschafter war auch Israels sozialdemokratische Einwanderungsministerin Juli Tamir kurz am Wort gewesen und hatte bloß eine Art allgemeine Botschaft »an die Juden Österreichs und die Juden an jedem Ort, an dem sie sich befinden«, gerichtet: »Das ist euer Heim, es steht euch immer offen, es ist immer bereit, euch aufzunehmen.« Die Quelle der Fehlübermittlung war eine AP-Journalistin, die im Knesset-Ausschuss nicht gut zugehört, aber viele Stunden später dann doch einen Bericht darüber in die Welt hinausgeschickt hatte.

Ich hatte dann noch einmal einen ganzen Tag zu tun, um zunächst meine Redaktionen davon zu überzeugen, dass die pikante Agenturmeldung schieflag, und dann ein aufklärendes Statement von Tamir einzuholen und Berichte zu produzieren, die das Missverständnis aus der Welt schafften. Aber die Leichtigkeit, mit der dieser Wirbel entstanden war, offenbarte wieder die Mentalitätskluft, die Schwierigkeit, die Welt des anderen zu verstehen, wie bei Bruno Kreisky und Golda Meir. In israelischen Ohren waren Tamirs Sätze beinahe banal gewesen, ein paar alltägliche Phrasen, bei denen man kaum hinhört. Die Mission, für alle Juden die Tore offenzuhalten, ist ein Eckpfeiler des israelischen Selbstverständnisses, dazu wurde der Staat ja gegründet, und es ist allgemein bekannt, dass jede Jüdin und jeder Jude in Israel sofort die Staatsbürgerschaft bekommen kann. Wenn diese Botschaft aber, was ja selten vorkommt, an österreichische Ohren gelangt, muss sie ziemlich abwegig, beleidigend und provokant klingen. Wieso sollte denn jetzt eigentlich jemand dieses schöne Österreich verlassen wollen, und wieso sollte jemand ausgerechnet in dieses exotische, bedrohliche Israel gehen, nur weil dort vielleicht vor 2000 Jahren seine Vorfahren gelebt haben oder auch nicht? Und wieso maßen sich die Israelis überhaupt an, österreichischen Bürgern von außen zuzurufen, was sie tun sollen?

# Der Fußballkrieg

Die Echauffierung um den angeblichen Aufruf dauerte nur 24 Stunden, doch im Jahr darauf sollte ein »Krieg«, der sich über viele Wochen hinzog, noch einmal so richtig vor Augen führen, wie unterschiedlich Israelis und Österreicher zuweilen reagieren und denken. Glücklicherweise war es nur ein Fußballkrieg. Gerade in der Zeit, als man so schlecht aufeinander zu sprechen war, waren Israel und Österreich für die bevorstehende Fußballweltmeisterschaft in dieselbe Qualifikationsgruppe gelost worden. Und nun fügte es sich, dass die beiden Teams in der allerletzten Runde gegeneinander antreten mussten, wobei nur eines weiterkommen konnte. Österreich genügte ein Unentschieden, Israel brauchte einen Sieg, und die Fans beider Länder zitterten dem entscheidenden Duell entgegen, das für den 7. Oktober 2001 im Nationalstadion in Ramat Gan bei Tel Aviv angesetzt war.

Doch neben den üblichen Spekulationen über Mannschaftsaufstellungen und Chancen war aus Österreich auch immer lauteres Brummeln zu vernehmen. Ein Jahr zuvor war die zweite Intifada angelaufen, und Palästinenser verübten in Israel im Schnitt vier Selbstmordanschläge pro Monat. Vier Wochen vor dem geplanten Spiel brach dann der Flugzeugterror des 11. September über die USA herein. Das hatte zwar mit Israel nicht das Geringste zu tun, aber für Österreichs Fußballbund-Präsidenten Beppo Mauhart war jetzt »die gesamte Weltordnung aus den Fugen«, wie er es in einem Statement ausdrückte, und daher die »Problematik des Österreich-Spiels in Israel« zu bedenken. Kurz: Die österreichischen Fußballer hatten keine große Lust, nach Israel zu fliegen, und begannen, für die Verlegung des Spiels in einen neutralen Drittstaat Stimmung zu machen.

Das Ansinnen ließ in Israel die Sportpresse, die Funktionäre, die Spieler und das ganze Publikum aufheulen. Dabei konnte sich niemand vorstellen, dass Österreich mit dem Verlegungswunsch durchkommen würde, denn es gab für so etwas keinen Präzedenzfall. Doch am 4. Oktober, drei Tage vor dem Spieltermin, ereignete sich eine Katastrophe. Eine Tupolew der russischen Fluggesellschaft Sibir, die mit 78 Menschen an Bord aus Tel Aviv mit Destination Novosibirsk gestartet war, explodierte über dem Schwarzen Meer. Die Israelis argumentierten, dass man aus dem Absturz in 1300 Kilometer Entfernung nicht auf eine Gefährdung von Passagieren auf dem Ben-Gurion-Flughafen schließen konnte. Und eine Woche später sollte sich die Vermutung bestätigen, dass die Maschine von einer verirrten Boden-Luft-Rakete der ukrainischen Marine getroffen worden war. Es war also kein Terrorakt gewesen, sondern ein haarsträubender Unfall. Doch da war es schon zu spät, denn nur Stunden nach dem Absturz war der Welt-Fußballverband dem Ansuchen Österreichs nachgekommen, das Spiel gegen Israel abzusagen.

Weit über den Fußballbereich hinaus war das eine Giftspritze für das ohnehin schon ungesunde israelisch-österreichische Verhältnis. Ich hatte bereits zuvor immer wieder einmal, wenn etwa in einem europäischen Fußball-Bewerb oder im Tennis-Daviscup Israelis und Österreicher aufeinandertrafen, als Sportreporter fungieren dürfen, und das hatte mir immer besonders großen Spaß gemacht. Jetzt war ich für die Sportredaktionen im Dauereinsatz, denn es bestand viel Erklärungsbedarf. Dem israelischen Fußballbund-Präsidenten Gavri Levy verschlug es die Sprache, als ich ihn anrief, um eine Reaktion auf die Absage einzuholen – er war davon noch gar nicht informiert worden und konnte es nicht glauben. Nachdem er sich gefasst hatte, ließ er sich in einer schriftlichen Erklärung über »das Gejammer der Österreicher« aus, das »zu dieser verächtlichen Entscheidung geführt« habe.

Aus israelischer Sicht waren »diese Österreicher« einfach »Feiglinge«. Entweder sie hatten Angst, das Spiel zu verlieren, und die Sicherheitsbedenken waren nur ein Vorwand, um Israel um den Heimvorteil zu bringen. Oder sie waren wirklich zu ängstlich, um nach Tel Aviv zu fliegen, und für so etwas hat man in Israel grundsätzlich kein Verständnis. Bei den Israelis ist der Reflex eingebaut, angesichts des Terrors den Kopf hochzuhalten und Unbeugsamkeit zu demonstrieren, etwa auch durch die Fortführung des Sportbetriebs. Ihr seht doch, dass wir hier ganz normal leben und jedes Wochenende auf den Fußballplatz gehen, so die Einstellung, und wenn ihr uns dabei im Stich lasst, dann ist das erstens für uns verletzend und zweitens das falsche Signal an die Terroristen. Jedem, der über die Lage in Israel Bescheid wusste, musste zudem klar sein, dass den österreichischen Gästen keine wirkliche Gefahr drohte. Gefährlich war es wegen der Selbstmordattentate allenfalls in einem öffentlichen Verkehrsmittel, auf einem Markt oder in einem Lokal. Aber die Spieler hätten sich ja bloß in ihrem streng abgeschirmten Hotel, im Mannschaftsbus und auf dem Stadionspielfeld aufgehalten.

Die Österreicher ihrerseits kannten die israelische Realität eben nicht, sondern nur die grauenhaften Fernsehbilder. Und die vermittelten den Eindruck, dass in Israel immer und überall Bomben hochgingen. Auch das wichtigste Spiel war es natürlich nicht wert, sich dafür in Lebensgefahr zu begeben, und es war verständlich, wenn ein Fußballer dem Drängen der Ehefrau oder der Eltern nachgab und das vermeintliche Inferno meiden wollte. Die für die Israelis so zentrale Frage, ob irgendwer das als Kapitulation vor dem Terror auslegen würde, war in der Gedankenwelt der Österreicher inexistent. Als das Spiel dann auf einen neuen Termin am 27. Oktober angesetzt wurde, blieben tatsächlich nicht weniger als neun österreichische Nationalspieler zu Hause. Für einen derartigen »Nichtantritt« wird ein Sportler gewöhnlich von seinem Verband bestraft, in diesem Fall gab es aber in Österreich volles Verständnis für die »Verweigerer«, wie die österreichische Presse sie nannte. In den Monaten und Jahren danach, als die Intifada zu einem Dauerzustand und der Konflikt noch blutiger wurde, sollten noch viele internationale Heimspiele israelischer Mannschaften wegen der Sicherheitsbedenken ins Ausland verlegt werden, was das Verhalten der Österreicher nachträglich rechtfertigte. Den Israelis aber fiel auf: Die Österreicher waren wieder einmal die Ersten, vor ihnen war niemand auf die Idee gekommen, vor einem Spiel in Israel zu kneifen.

Als ob das alles nicht gereicht hätte, verrannte man sich in der Hitze des »Fußballkrieges« dann auch noch in eine »Essensschlacht«. Unglücklicherweise hatte es sich nämlich gefügt, dass das Spiel nach der Neuansetzung nun an einem Samstagabend angepfiffen werden sollte, also am Ausgang des Schabbat, des jüdischen Ruhetags. Das Hotel David Intercontinental, in dem die österreichische Mannschaft untergebracht war, wird wie alle israelischen Luxushotels koscher geführt, damit auch praktizierende Juden dort absteigen können. Das bedeutet, dass seine Küche die religiösen Speisevorschriften einhält. Und das bedeutet auch, dass an Samstagen nicht gekocht wird, weil am Schabbat nicht gearbeitet und insbesondere kein Feuer angezündet werden darf. Natürlich werden auch am Schabbat in den Hotels erlesene Speisen serviert, aber von Warmhalteplatten. Für jeden, der Israel oder die jüdische Tradition kennt, ist das eine Selbstverständlichkeit, und gewöhnliche Touristen kümmert es kaum. Aber der österreichischen Mannschaftsführung war das völlig fremd. Sie fand es ungeheuerlich, dass man Hochleistungssportler daran hindern wollte, sich an ihren ausgeklügelten Menüplan zu halten, und vermutete eine Vergeltungsschikane der Israelis. Die Fußballer brauchen am Matchtag »Spaghetti, Soße, Steak, Suppen, viele Kohlehydrate, und das frisch gekocht, nicht aufgewärmt vom Vortag«, sagte der besorgte Teamarzt in einer Pressekonferenz. Und ich selbst fand mich in einer kuriosen interdisziplinären Rolle wieder: Der »Nahost-Experte« erklärt in der Sportsendung den Zusammenhang zwischen Nudelkochen und Religion.

Der ganze aufgestaute Ärger schien in der Luft zu liegen, als im Ramat-Gan-Stadion endlich das Flutlicht aufflammte. Ich war stolz und dankbar, dass ich für die Sportkollegen, die angereist waren, um das historische Spiel zu übertragen, kleine Hilfsdienste leisten durfte, bei denen meine Sprach- und Ortskenntnisse nützlich waren. So bekam ich etwa die Aufgabe, mich mit meinem Kameramann außerhalb des Stadions im israelischen Besucherstrom zu positionieren, um in ein paar kurzen Interviews die Stimmung einzufangen. Israelis lassen sich gerne interviewen. Sofort waren wir von erregten Fans umringt, und was sie über Österreich zu sagen hatten, war erwartungsgemäß weder freundlich noch höflich. Am Ende hatten sie natürlich eine Frage: »Von welchem Kanal seid ihr eigentlich?« Ich hatte keine Lust auf einen Wirbel, überlegte kurz, sah ihnen in die Augen und murmelte: »Holländisches Fernsehen.« Diese Antwort war zwar ausgesprochen unsinnig, denn was sollte das holländische Fernsehen beim Spiel Israel-Österreich verloren haben, aber sie fand Gefallen und wirkte beschwichtigend, denn Holland im Allgemeinen und der holländische Fußball im Besonderen genießen in Israel viel Sympathie.

Zu einem Wirbel gefährlichen Ausmaßes kam es trotzdem. Angesichts des stark ersatzgeschwächten Gegners waren die Israelis siegessicher gewesen, und es lief für sie auch recht gut. Bis knapp vor Schluss führte Israel 1:0. Da wurde den Österreichern ein Freistoß von der gegnerischen Strafraumgrenze zugesprochen. Kapitän Andreas Herzog setzte den Ball mitten durch die Mauer ins Netz. Das 1:1 bedeutete, dass Israel eliminiert war. Den Zorn bekamen meine Reporterkollegen Hans Huber, Andreas Felber und Hans Bürger zu spüren. Für das österreichische Fernsehen war auf einer hohen, filigranen Stangenkonstruktion eine provisorische Kommentatorenbox eingerichtet worden, fahrlässigerweise mitten unter den israelischen Massen. Hooligans hatten erspäht, dass es hier eine Zielscheibe für ihren Hass auf »die Österreicher« gab, und bombardierten die Kabine nun mit Steinen, Flaschen, Getränkedosen und Orangen. Noch heute kann man auf YouTube hören, wie Hans Huber am Ende der Live-Übertragung minutenlang diesen Belagerungszustand schildert. Ich selbst befand mich unten am Spielfeldrand und sah, dass etwas nicht stimmte, war aber viel zu weit weg, um etwas unternehmen zu können. Die Sache ging noch relativ glimpflich aus, und ich ärgerte mich über den Stadiondirektor, dem ich bei der Inspektion am Tag davor prophezeit hatte, dass so etwas passieren würde, der aber trotzdem keine Ordner zum Schutz der österreichischen Journalisten abgestellt hatte. In meiner privaten kleinen Erinnerungswelt stellt diese beschämende Begebenheit den Tiefpunkt der israelisch-österreichischen Beziehungen dar. Sicher, es war ja letztlich nur Fußballrowdytum, eine Nichtigkeit im Vergleich mit den Brutalitäten, die in dieser Region üblich sind. Doch es ist der einzige mir bewusste Fall, bei dem es zwischen Israelis und Österreichern zu einem Gewaltakt gekommen ist.

### Geheimnisvolle Besuche

Von der Ehrentribüne auf der gegenüberliegenden Seite des Stadions hatte, vom israelischen Publikum unerkannt, eine ganz besondere Schlachtenbummlerin das Spiel beobachtet:

72

Susanne Riess-Passer, österreichische Vizekanzlerin und in der Nachfolge von Jörg Haider Bundesparteiobfrau der FPÖ. Sie war eine irgendwie gespenstische Erscheinung, denn österreichische Regierungsmitglieder im Allgemeinen und die FPÖ im Besonderen standen ja in Israel in Acht und Bann. Riess-Passer war am Abend davor halb inkognito in einem Privatjet auf dem Ben-Gurion-Flughafen gelandet. Während ausländische Politikerinnen und Politiker vor Israel-Besuchen gewöhnlich einen genauen Terminplan veröffentlichen, weil sie ja mediale Aufmerksamkeit wollen, hatte es um Riess-Passers Ankunftszeit ein Versteckspiel gegeben. Einer der bizarren Aspekte war, dass Israel von dem Besuch zwar offiziell nichts wusste, die Vizekanzlerin wegen ihres hohen Ranges aber von Beamten des Sicherheitsdienstes schützen lassen musste. Mit dem Gemisch aus Geheimhaltung und koketten Andeutungen folgte schon dieser Besuch einem Muster, wie es inzwischen aus vielen FPÖ-Auftritten in Israel bekannt ist. Riess-Passer sei auch mit offiziellen Vertretern Israels zusammengetroffen, hieß es, die Namen wolle man aber nicht nennen, um die Gesprächspartner nicht in Verlegenheit zu bringen.

Vorgegeben worden war dieses Muster von Peter Sichrovsky, dem jüdischen FPÖ-Generalsekretär, der in seiner Rolle als Israel-Fachmann seiner Partei beim Fußballspiel natürlich neben seiner Chefin gesessen war. Schon gut eineinhalb Jahre zuvor, im März 2000, war ich vor der undankbaren und anstrengenden Aufgabe gestanden, eine Sichrovsky-Mission in Israel zu enträtseln und von ihr zu berichten. In Wien war die schwarz-blaue Regierung erst seit einem Monat im Amt und wurde von vielen Seiten ausgebuht. Bei der FPÖ hatte man das dringende Bedürfnis, Europa, den USA und der ganzen Welt zu zeigen, dass man eben nicht antisemitisch war. Und was wäre besser geeignet gewesen, die FPÖ salonfähig zu machen, als ein Führungszeugnis aus Israel? Der FPÖ-Pressedienst kündigte also an, Sichrovsky werde in Israel »mit offiziellen Vertretern und Parlamentsabgeordneten fast aller in der Knesset vertretenen Parteien sowie mit Militärvertretern zusammentreffen«. Wenn das stimmte, dann war der Boykott der FPÖ durch Israel eine Fiktion. Sichrovsky selbst schien tatsächlich von der inneren Überzeugung geleitet zu sein, dass die Juden und die Israelis ja eigentlich die FPÖ liebten und sich bloß nicht getrauten, das laut zu sagen. »Das ist ganz typisch, wie uns das jetzt überall passiert mit der Partei«, klagte er, als ich von ihm Namen jüdischer Politiker hören wollte, die er getroffen hätte, »dass es ständig Angebote gibt zu Gesprächen und man nachher sagt, das ist alles sehr wichtig, aber wir sind noch nicht bereit, das öffentlich zu machen.«

Sichrovsky war wirklich in der Knesset, aber da ihn arabische Abgeordnete dorthin eingeladen hatten, war das journalistisch nicht besonders aufregend. Schließlich haben ja arabische Politiker, Organisationen und Staaten keinerlei Problem mit der FPÖ. Eine mittlere Sensation wäre es hingegen gewesen, wenn Sichrovsky von jüdischen Abgeordneten empfangen worden wäre, denn es war ja der erklärte Standpunkt aller jüdischen Parlamentsparteien, mit der FPÖ nichts zu tun haben zu wollen. Einer der wenigen Namen, die Sichrovsky dann doch nannte, war jener von Maxim Levi. Der war ein Likud-Abgeordneter und außerdem der Bruder des Außenministers David Levi, der so scharf über Österreich hergezogen war. Auf die Begegnung mit Maxim Levi in der Knesset war Sichrovsky offenbar besonders stolz. Levi habe sich »demonstrativ mit mir an den Tisch gesetzt«, erzählte mir Sichrovsky, und das sei auch auf Fotos zu sehen, die Sichrovskys Fotograf dabei geschossen habe. Bei Levi, den ich am Tag nach dem Treffen dazu befragte, stellte sich das ein bisschen anders dar. »Das ist eine Frechheit«, sagte Levi. »Ich war in der Kantine der Abgeordneten beim Essen, da hat mich Darausche (der Vorsitzende einer arabischen Partei, Anm. d. Verf.) begrüßt und gesagt, er will mir zwei Juden vorstellen. Als ich gehört habe, dass sie über die Regierung in Österreich reden, habe ich gesagt, dass ich nicht bereit bin, mit ihnen zu sprechen, bin aufgestanden und weggegangen. Ich habe ihn nicht formell getroffen, nicht in meinem Büro und auch in keiner anderen Form.« Hat er also überhaupt nicht gewusst, wer sich da an seinen Tisch gesetzt hat? »Wenn Sie mich heute fragen, wie der Mann heißt, dann weiß ich es nicht«, versicherte Levi, und er denke, dass Sichrovsky und seine Begleitung »ihre Anwesenheit in der Knesset missbraucht haben«. Sichrovsky legte später ein Foto vor, das zeigen sollte, dass er sich mit Levi »in einer intensiven Diskussion« befunden habe. Aber auf dem Foto schauen die beiden Herren einander nicht an, und Levi sieht etwas verdattert aus – es kann also weder Sichrovskys noch Levis Version belegen.

Ähnlich war es mit anderen Personen, von denen Sichrovsky sagte, er habe sie getroffen oder werde sie noch treffen. Der Abgeordnete Raanan Cohen, Generalsekretär der Arbeiterpartei, sagte mir, Sichrovsky sei möglicherweise dabei gewesen, als eine von arabischen Abgeordneten geführte Gruppe kurz in sein Büro kam, aber er wolle mit Sichrovsky nichts zu tun haben. Der Abgeordnete Usi Baram von der Arbeiterpartei, ein ehemaliger Innenminister, erklärte, er habe Sichrovsky nicht getroffen und werde ihn nicht treffen. Den Reservegeneral Oren Schachor wollte Sichrovsky nach eigener Aussage treffen, um »über eine mögliche Zusammenarbeit zwischen dem österreichischen und dem israelischen Militär zu sprechen«. Ich konnte Schachor telefonisch erreichen und fragte ihn, ob es stimme, dass er einen Termin mit dem österreichischen Europa-Abgeordneten Sichrovsky habe. Ja, sagte Schachor, er sei gerade unterwegs dorthin. Ob er wisse, dass

**75**

Sichrovsky der FPÖ angehöre, fragte ich nach. Nein, das habe er nicht gewusst, antwortete Schachor, und dann würde er natürlich nicht zu dem Treffen gehen.

All das liegt lange zurück, aber es ist von Interesse, weil FPÖ-Politiker sich in Israel bis heute ungefähr so verhalten wie seinerzeit Sichrovsky. Als Parteiobmann Heinz-Christian Strache im April 2016 nach Israel fliegen sollte, wurde darum ein »großes Geheimnis« gemacht – so stand es in der Tageszeitung »Die Presse«, die im Vorfeld etwas von dem Besuch erfahren hatte. Ein Terminplan wurde nicht bekannt gegeben, und es war nicht klar, ob Strache sich in Israel filmen oder interviewen lassen würde. Ich konnte dann in Jerusalem doch ein Interview mit ihm machen, und Strache sagte, er sei von der regierenden Likud-Partei »offiziell eingeladen worden«. Das war nun wieder genauso spannend wie 16 Jahre zuvor, weil der Boykott der FPÖ ja nie aufgehoben worden war. Auf die Frage, wen er denn getroffen habe, bekam ich eine Antwort, die mir irgendwie bekannt vorkam: Er führe »vertrauliche Gespräche mit höchstrangigen politischen Vertretern, die auch vertraulich gehandhabt werden«.

Aber obwohl der Stil der gleiche war wie früher, wollte Strache vor allem die Botschaft anbringen, dass jetzt eben alles ganz anders sei: »Jörg Haider war einmal, wir sind heute eine andere Freiheitliche Partei.« Und anders als damals Haider, der wohlwollend über das Dritte Reich gesprochen und Freundschaften mit arabischen Diktatoren gepflegt hatte, sagte Strache punktgenau das, was man in Israel gerne hört. Er sprach von den Naziverbrechen und den sechs Millionen ermordeten Juden, und auch über »die neue Form des Antisemitismus, die heute in Europa durch Islamisierungsentwicklungen« entstanden sei. Zugleich zeigte er Solidarität mit Israel, »wenn es um den Boykott israelischer Produkte geht, um die Kennzeichnungspflicht, die in der Europäischen Union

*FPÖ-Obmann Heinz-Christian Strache an der Holocaust-Gedenk-stätte Jad Waschem in Jerusalem, 2016*

gegen unsere Stimmen beschlossen worden ist«, oder um »das Existenz- und Selbstverteidigungsrecht Israels, das leider Gottes noch immer von manchen Ländern nicht akzeptiert wird«.

Die Beziehungen zwischen Israel und Österreich sind nun seit Langem ruhig und harmonisch, und Besuche österreichischer Politikerinnen und Politiker in Israel sind jetzt häufige und unauffällige Routineangelegenheiten. Doch das Erstarken weit rechts stehender Bewegungen im aufgewühlten Europa hat Israel in den letzten Jahren vor ein Dilemma gestellt. Wie soll der jüdische Staat mit Parteien umgehen, die einerseits historische Wurzeln in faschistischen, judenfeindlichen Ideologien haben, aber andererseits heute Israel umwerben, weil ja der radikale Islamismus, der jetzt auch europäische Städte terrorisiert, ein gemeinsamer Feind ist? 2016 hat man auch in Israel gespannt die österreichische Bundespräsidentenwahl beobachtet, die in Europa als richtungweisend galt. Die Beantwortung der Frage, ob ein künftiger israelischer Botschafter

**77**

einem FPÖ-Bundespräsidenten sein Beglaubigungsschreiben überreichen soll, ist den Experten im israelischen Außenministerium vorläufig erspart geblieben. Doch zum Zeitpunkt, da diese Zeilen geschrieben werden, zeichnet es sich ab, dass die FPÖ 2018 in Österreich wieder mitregieren wird. Israel würde dann die schwierige Entscheidung treffen müssen, ob es die Ächtung der FPÖ fortsetzt oder aber bereit wäre, nun einen FPÖ-Vizekanzler tatsächlich »offiziell« zu empfangen. Ausgerechnet Österreich wird also wahrscheinlich der unbehagliche Testfall, in dem Israel Farbe bekennen muss. Und ausgerechnet das Verhältnis zum kleinen Israel könnte für das kleine Österreich maßgeblich werden, denn wichtige Länder könnten sich bei ihrer Entscheidung, wie freundlich oder unfreundlich sie einer Regierung mit FPÖ-Beteiligung begegnen sollen, an Israel orientieren.

# 4

## Von Sprotzen, Schnugristen und Eisernen Tanten

Deutsche Einsprengsel in der hebräischen
Alltagssprache

**Ben Segenreich**

Rafael Rafaeli (er heißt wirklich so, wird aber natürlich Rafi
genannt) war unser Schiputznik, als wir vor vielen Jahren
unser Haus in Herzlia bezogen. Der Schiputznik ist eine
tragende Säule der israelischen Wirtschaft und Gesellschaft,
nämlich ein Mann, der einen Umbau oder eine Renovierung
(hebräisch: schiputz) leitet, also eine Art autodidaktischer,
improvisierender Baumeister. Für den Ausgang zur Terrasse
wünschten wir uns von Rafi eine große, gläserne Schiebe-
tür. »Die Glasscheibe wird zu groß«, verkündete Rafi nach
kurzem Nachdenken sein fachmännisches Urteil, »da mache
ich euch einen *Sprotz*.« Wir unterdrückten ein Schmunzeln,
denn Rafi verkehrte mit uns natürlich auf Hebräisch, und
das lustige Wort, das er da verwendet hatte, war uns einerseits noch nie untergekommen und hatte andererseits für
unser deutsch abgestimmtes Gehör einen vertrauten Klang.
Wir brauchten dann nicht lang, um zu kombinieren, dass
Rafi nur eine Sprosse gemeint haben konnte, was im Deutschen nicht nur den Querstab einer Leiter, sondern auch die
Teilung eines Fensterflügels bezeichnet. Und mit großer Ent-
deckerfreude nahmen wir ein weiteres Juwel in das Inventar
jener deutschstämmigen Ausdrücke auf, die unter teilweise
bizarren Verformungen im Wortschatz der Neuhebräer fun-
keln.

79

Deutschen Worten begegnet man in allen Bereichen des israelischen Alltags. Wenn ein Israeli von meinem Getränk oder meinem Sandwich kosten will, dann bettelt er um einen *Schluck* oder einen *Biss*. Wirklich hungrig ist er dabei nicht, er will nur *lenaschnesch*, was nichts anderes ist als in hebräische Grammatik eingekleidetes »naschen« und auch genau dieses bedeutet. Ich wiederum bin natürlich kein *Bock* (also nicht starrsinnig) und *mefargenn* (klingt wie »vergönne« und kommt tatsächlich davon) ihm das gerne. *Schnitzel* und *Strudel* haben ohnehin globale Verbreitung, in Israel wurde man aber zumindest bis vor einigen Jahren auch verstanden, wenn man zu Letzterem *Schlagsahne* bestellte, und in vielen Konditoreien bekommt man eine *Crem'schnitt'*. Die nachmittägliche *Schlafstunde* – manchmal als »Schlaffstunde« verkannt, was auch durchaus in Ordnung ist, weil man sich dabei ja entspannen soll – galt in den Jahren, als es noch keine Klimaanlagen gab, besonders in der heißen Jahreszeit als heilig, wurde aber zuweilen von einem meist schlecht rasierten Mann gestört, der im Pferdewagen langsam vor dem Fenster vorbeirollte und durch eine Art Megafon immer wieder etwas plärrte, was wie »Eltisakin« klang. Es handelte sich, wie jeder wusste, um einen Trödler, der alte Sachen kaufte und verkaufte und keine Ahnung davon hatte, dass er dabei Deutsch sprach.

Die Trödler gibt es nicht mehr, aber *Alte Sachen* (man bezeichnet damit unnützen Tand oder aber ironisch sich selbst, wenn man so alt ist, dass einem die Gelenke wehtun und man nichts mehr taugt) sind längst ein Teil der israelischen Identität, ebenso wie die *Zimmerim* (Mehrzahl von Zimmer), die im Norden des Landes allgegenwärtigen privat vermieteten Fremdenzimmer, in denen israelische Familien sich preiswert erholen. Wenn die Kinder dabei Fußball spielen, dann sieht man schon manchmal einen *Spitz*, aber das kann auch einem Profi passieren, den der Sportkommentator kritisiert, weil er sich einen zu großen *Vor* gegeben, also sich den Ball zu weit vorgelegt hat. Gelingt ihm hingegen mit dem *Falsch* (also durch einen Schuss mit der Breitseite des Fußes, was dem Ball eine Fälschung verleiht) ein besonders schönes Tor, dann kann der Stürmer leicht zum *Schwitzer* werden, was nicht heißt, dass er wegen der Anstrengung transpiriert, sondern dass er ein eingebildeter Angeber ist. Der *Schwitzer* ist ein israelischer Archetypus, in der negativen Besetzung nur noch übertroffen vom *Freier*. In der deutschen Gaunersprache ist der Freier ein Diebstahlsopfer oder der Kunde einer Prostituierten, in Israel ist daraus eine Art Tölpel und Waschlappen geworden, der übervorteilt wird und als Letzter drankommt. »Nur kein *Freier* sein«, lautet praktisch das Lebensmotto der Israelis, in der Politik, in der Armee, im Beruf oder beim Anstellen an der Supermarktkasse. Das klingt lustig, hat aber wohl einen tragischen Hintergrund, weil es eine Reaktion darauf sein mag, dass die Juden jahrhundertelang erniedrigt wurden.

Man will insbesondere kein *Freier* sein, wenn man es mit Handwerkern zu tun hat, und gerade in deren Berufsjargon sind die deutschen Sprachsplitter wirklich dominant. Liegt das daran, dass Deutsch vor rund 100 Jahren die Lingua franca der Ingenieure und Naturwissenschaftler war? Es war jedenfalls der Hilfsverein der deutschen Juden, der 1912 in Haifa den Grundstein zum berühmten Technion legen ließ, der ersten technischen Hochschule im Orient. Die Anstalt hieß ursprünglich denn auch Technikum, und weil die Leitung zunächst beschloss, dass Deutsch und nicht Hebräisch die Unterrichtssprache sein sollte, entbrannte ein gewaltiger Sprachenstreit. In den 1930er- und 1940er-Jahren waren dann unzählige aus Deutschland und Österreich eingewanderte Architekten in Tel Aviv, Haifa und Jerusalem tätig, was auf den Baustellen auch sprachliche Spuren hinterlassen haben muss. Rafi hat meines Wissens nicht am Technion studiert, aber auf unseren Wänden hat er *Spachtel* machen lassen, womit sowohl der Arbeitsgang als auch das Instrument gemeint ist (und was vom Israeli natürlich *Spachchtäl* ausgesprochen wird). Auf die Außenwände kommt meistens *Spritz*, weil das billig ist und schnell geht, aus der Bauhaus-Ära ist der *Steinputz* überliefert, die Duscharmaturen legt man am besten *unterputz*. Muss etwas angeschraubt werden, dann braucht man einen *Dibbel* (Dübel) oder eine *Scheiba* (Beilagscheibe). Die Tür bekommt eine *Kantstuf*, die Küchenmöbel sind mit *Schleiflack* am schönsten. Wenn ein israelischer Heimwerker von einem *Flach* spricht, dann meint er eine rechteckige Metallplatte oder ein kleines Brett – ist ja klar, denn die sind ja auch wirklich flach. Im Übrigen weiß jeder arabische oder jüdische Bauarbeiter in Jerusalem, was er zu tun hat, wenn ein *Schnugrist* aufgestellt werden soll, während kein Deutschsprachiger mit diesem kuriosen Terminus etwas anfangen kann – obwohl sich doch dahinter bloß ein schlichtes Schnurgerüst verbirgt.

Der Installateur hat hoffentlich einen *Schieber* (Haupthahn) vorgesehen, der tropfende Wasserhahn braucht eine neue *Gummia* (Gummidichtung). Der Durchmesser des Rohrs wird in *Zoll* angegeben. Unser Elektriker Chick stammt zwar aus Südafrika, hat sich aber beruflich anpassen müssen. Deshalb hat er immer *Isolierband* dabei und sorgt dafür, dass jeder Anschluss eine *Erdung* hat. Wenn ein Generalstreik droht, was in Israel häufig vorkommt, dann hört man im Radio, dass die Gewerkschaft bald den *Schalter* umlegen wird, und auch das Wort *Stecker* ist jedem Israeli geläufig. Als in den 1980er-Jahren im israelischen Fernsehen eine Werbekampagne für den richtigen Umgang mit Elektrogeräten lief, waren ein niedliches, blondes kleines Mädchen und ein großer, intelligent blickender Hund die Hauptdarsteller. Der Hund hieß natürlich »Stecker« und rettete Menschen, die wegen irgendwelcher elektrischer Leichtsinnigkeiten in Notlagen geraten waren.

Das Mädchen erklärte daraufhin dem Hund etwa, warum man auf gar keinen Fall einen Fön benützen darf, wenn man in der Badewanne sitzt. Am Ende fragte das Mädchen dann immer gönnerhaft: »Hevanta et se, Stecker?« (»Hast du das verstanden, Stecker?«). Diese Frage wurde in Israel zum geflügelten Wort, mit dem unerbittlich jede Art von Erläuterung abgeschlossen wurde, etwa wenn der Vater mit dem Kind Schulaufgaben machte, und vermutlich auch, wenn der Generalstabschef dem Premierminister die militärische Lage darlegte.

Da das Kraftfahrzeug aus technischen Teilen zusammengesetzt ist und öfter in die Werkstatt muss, beherrscht auch der israelische Durchschnittsautofahrer, der ohnehin immer mit viel *Schwung* unterwegs ist und zu einem *Reiß*, also einer plötzlichen Richtungsänderung oder Beschleunigung neigt, eine Reihe deutscher Vokabeln. Die *Kupplung* hat zwar dem englischen »clutch« weichen müssen, aber die Fahrtrichtung wird noch immer mit dem *Winker* angezeigt. Wenn es regnet, betätigt man die *Wischerim* (Mehrzahl von Wischer), und beim Schalten gibt man *Zwischengas*. Der schwer auszusprechende *Flaschenzug* ist indessen schon eher etwas für Spezialisten. Eine besondere Bewandtnis hat es mit dem *Kugellager*, dem neben seiner eigentlichen, maschinenbaulichen eine noch größere rhetorische Bedeutung zukommt, und zwar ungefähr jene, die der »Kaiser von China« im Deutschen hat. In Israel braucht man das Kugellager nämlich, um zu betonen, dass man etwas für völlig undenkbar hält. Will man etwa ausdrücken, dass man einer Friedensinitiative keine Chance gibt, dann könnte man sagen: »Wenn bei diesen Verhandlungen etwas herauskommt, dann bin ich ein *Kugellager*.« Die Erklärung für diese Redewendung dürfte darin liegen, dass »Kugellager« ein Wort ist, das es nach dem Sprachempfinden des Durchschnittsisraelis gar nicht geben kann, zumal er »Kugel« als eine ostjüdische Schabbat-Speise kennt. (In dem Zusammenhang fällt mir ein, dass Israelis immer lachen müssen, wenn sie das deutsche Wort »plötzlich« hören – sie finden den Klang einfach unglaublich komisch. Verwenden können sie das Wort natürlich nicht, weil sie ja eben vor Lachen nicht weiterkämen, ganz abgesehen davon, dass es für sie ohnehin unaussprechlich ist.)

Aber so schwierig oder lächerlich sie auch sein mögen, der Vorrat an deutschen Wörtern in israelischen Mündern scheint unerschöpflich zu sein, und ich entdecke immer wieder neue, obwohl sie offenbar seit Generationen verwendet wurden – unlängst etwa gleich drei an einem einzigen Abend. Ich hatte gerade mit meinem langjährigen Tennispartner Jigal eine Partie beendet. Jigal ist gelernter Metzger und hat einen gut gehenden Delikatessenladen mit eigener Produktion. Und Jigal klagte nun darüber, dass er an diesem Tag viel zu tun gehabt habe, aber nichts weitergegangen sei. »Es war Arbeit im *Freilof*«, seufzte Jigal, und ich spitzte die Ohren, denn er meinte den Freilauf, wie wir ihn von der Fahrradnabe her kennen. Danach kam er noch auf seine Metzgerlehrjahre zu sprechen und darauf, dass beim Herunterschneiden der Steaks immer *Akfall* entsteht, den man zu Faschiertem verarbeiten kann – ganz offensichtlich eine Verstümmelung des Wortes »Abfall«. Ja, und die hölzerne Arbeitsunterlage des Metzgers nannte er *Klotz*.

Auch *Eisen* ist in die hebräische Umgangssprache eingedrungen, aber nicht als Element oder Werkstoff und daher wohl auch nicht direkt aus dem Deutschen, sondern eher über das Jiddische. »Eisen« wird nicht als Hauptwort gebraucht, sondern ist eigenschaftswörtlich verfremdet und strotzt vor Aussagekraft. Bei dem Lied mit dem Refrain »Jesch li doda – *eisen* doda« (»Ich habe eine Tante – eine *eisen* Tante«) erfasst man augenblicklich, dass die Tante eine kumpelhafte, verlässliche und zugleich energische Person ist, sie lässt sich nicht dreinreden, und man legt sich besser nicht mit ihr an. Das alles steckt verdichtet in dem einen Wort *eisen*, das der Israeli meist mit einer gewissen strammen Bewegung des Unterarms samt geballter Faust begleitet. Und es ist bemerkenswert, dass ausgerechnet dieses deutsche Wort wohl besser als jedes hebräische den israelischen Nationalcharakter beschreibt.

# 5

## Reflexionen über die Donau-Jeckes

Misslungener Versuch einer Abgrenzung

**Ben Segenreich**

Israelis können Österreicher von Deutschen kaum unterschei-
den und etikettieren daher auch die aus Österreich stammenden israelischen Juden nonchalant als Jeckes. Das wird von
den aus Deutschland stammenden israelischen Juden gönnerhaft hingenommen, wirft aber historisch, linguistisch und gas-
tronomisch brisante Fragen auf, die hier untersucht werden
sollen. Ist die Vereinnahmung der Österreicher durch die
Deutschen, in diesem Zusammenhang wohl als Kompliment
gemeint, nicht eigentlich eine Unverschämtheit, die sich schon
dadurch manifestiert, dass dieses Wort von den Deutschen
streitbar auf der dritten Silbe betont wird, von den Österreichern hingegen weinerlich auf der ersten? Das österreichische Wesen ist ja eben gerade *nicht* durch jene Züge charakterisiert, die man gemeinhin mit dem jeckischen verbindet. Die
Österreicher sind *nicht* ordnungsliebend, *nicht* fleißig, *nicht*
pünktlich und *nicht* geradlinig, sondern alles im Gegenteil.
Den Österreichern liegt die Schlamperei, der Leichtsinn, der
Schnörkel, der Kompromiss.

Da das allgemein bekannt und akzeptiert ist, könnte ich
meine Untersuchung an dieser Stelle schon wieder beenden,
wären da nicht meine persönlichen Erfahrungen mit alten
Österreichern in Israel und prototypisch mit dem schmerzlich
vermissten Nachman »Bubi« Zerwanitzer. Der Bubi, 2003 verstorben, war ein Wiener der 38er-Generation (also einer von

jenen, die von den Nazis vertrieben wurden). Nach seiner Ankunft im Lande Israel war er dann noch sehr vieles (unter anderem Wasserwirtschaftsingenieur, Wochenschaufilmproduzent, marxistischer Intellektueller und alleinerziehende »jüdische Mame« zweier Töchter) und hat unzähligen Menschen viel bedeutet. In den letzten zwölf Jahren seines Lebens hatte ich den Vorzug, mit ihm ein Team bilden zu dürfen, denn der Bubi war der Produktionsleiter des österreichischen Fernsehens in Israel, als ich zu dessen Korrespondent bestellt wurde. Daher kann ich bezeugen, dass der Bubi von einer derart obsessiven Gewissenhaftigkeit war, dass die bloße Nennung seines Namens bei Kameramännern, Studiomanagern und Interviewpartnern eine Mischung von Belustigung und Fluchtreflex auslöste. Die nervenden Anrufe, mit denen er die von ihm ohnehin perfekt organisierten Drehtage wieder durcheinanderbrachte, nur weil er sich ständig vergewissern wollte, dass alles in Ordnung war, waren legendär. Zu Terminen fuhr der Bubi immer eine halbe Stunde zu früh vor und wartete dann im Auto, um sekundengenau anläuten zu können. Honorare zahlte er lange, bevor sie fällig waren. Unsere zahllosen täglichen Telefongespräche endeten mit der rituellen Formel »Danke, Bubi!« – »Bitte!!«, genau wie in dem alten Witz über die jeckischen Akademiker, die einander auf der Baustelle Ziegelsteine reichen.* Doch gegenüber Menschen, die irgendwelche Abmachungen auch nur geringfügig verletzten, schlug seine Höflichkeit sofort in moralische Entrüstung

---

\* Der alte Witz: Einwanderer aus Deutschland und Österreich werden im neu gegründeten Staat Israel zu Bauarbeiten eingeteilt. Da sie auf diesem Gebiet keine Erfahrung haben, verwendet man sie einfach zum Weiterreichen von Ziegelsteinen. Um die Baustellen herum ist nun immer ein seltsames Gemurmel zu vernehmen. Aus der Nähe kann man die Worte verstehen: »Danke, Herr Doktor!« – »Bitte, Herr Professor!« – »Danke, Herr Primarius!« – »Bitte, Herr Dozent!«

um. Der Bubi war also der wandelnde Indizienbeweis dafür, dass die Österreicher eben doch der Gattung der Jeckes zuzuordnen wären.

Und schon sind wir auf schlüpfrigem Terrain, denn seit Adolf Hitler seine Heimat an sein Reich »angeschlossen« hat, ist es zu Recht endgültig unkorrekt, Österreich auch nur andeutungsweise wie ein Anhängsel oder eine Kolonie Deutschlands zu behandeln. Noch in der Zwischenkriegszeit hielten aber nicht nur Deutschnationale, sondern auch die österreichischen Sozialdemokraten die »Republik Deutschösterreich«, wie der von der zerfallenen Habsburgermonarchie übrig gebliebene Rumpfstaat anfänglich signifikanterweise hieß, für nicht lebensfähig und traten dafür ein, Österreich der Weimarer Republik einzuverleiben. Zuvor war das 19. Jahrhundert von der Debatte darüber animiert worden, ob für die Vereinigung Deutschlands die »kleindeutsche« oder die »großdeutsche« Lösung (also ohne Österreich oder doch mit ihm) besser wäre, wobei die Deutschen ja noch von Glück sagen konnten, dass sie keinen österreichischen Kaiser bekamen. Hätte Franz II. nicht schon 1806 das Heilige Römische Reich Deutscher Nation kurzerhand für abgelaufen erklärt und sich damit begnügt, als Franz I. von Österreich weiterzuregieren, dann wären vielleicht alle Deutschen nach und nach verösterreichert, und der Jecke von der uns heute geläufigen Art hätte nie das viel zu grelle Licht des Nahen Ostens erblickt!

Zugleich haben uns aber die Habsburger mit ihrem ausufernden, operettenhaften Vielvölkerstaat die Absteckung der jeckischen Identität um noch einige Dimensionen schwieriger gemacht, als wir es ohnehin schon hatten. »Von meiner Familie waren Teile in Budapest und Teile in Brünn und Teile in Prag und Teile in Galizien und viele in Wien«, sinnierte Josseff Geva, 1924 als Josef Glasberg in Wien geboren, General der Reserve der israelischen Armee und mit seiner kerzengeraden

Haltung geradezu ein Bilderbuchjecke. »Und das war ja *ein* Land, weil da waren ja keine Grenzen. Ich habe Familie in Triest gehabt, die sind jetzt auch hier in Israel. Waren die Italiener? Die waren in Triest als Österreicher.« Dürfte sich jeder Pressburger, Lemberger und Czernowitzer mithin schon als ganzer Jecke fühlen – oder bleiben sie doch alle halbe Wus-Wuse? Und wie ist das etwa mit der nicht ganz unwichtigen Figur des lästigerweise in Budapest geborenen Theodor Herzl? Hätte der Prophet das 88. Lebensjahr erreicht, dann wäre er jedenfalls in Israel als Jecke verspottet worden, schon allein deswegen, weil er den Staat so lächerlich minutiös geplant hatte, aber auch, weil er wohl in Frack und Zylinder in Haifa aus dem Schiff gestiegen wäre. Auch der aus Mähren stammende Professor Sigmund Freud hätte einen beachtlichen Jecken abgegeben, der Prager Jurist Franz Kafka wiederum, der mit dem Zionismus kokettierte, Hebräisch lernte und eine Palästinareise plante, hätte weniger ins Klischee gepasst – er war zwar ein pflichtbewusster, von seinen Vorgesetzten geschätzter Versicherungsbeamter, erschien aber immer im Laufschritt mit einer Viertelstunde Verspätung zum Dienst. Und die wunderbare Alice Schwarz-Gardos galt einerseits als Säule der Jecke-Gemeinde, gab sie doch die einzige deutschsprachige Tageszeitung Israels heraus, wurde aber andererseits von ex-österreichischen Altersgenossen nicht einmal als reinrassige Wienerin akzeptiert, sondern gehänselt, weil sie als junges Mädchen ins provinzielle Pressburg übersiedelt war.

Die deutsche Sprache, daran wenigstens kann trotz aller donaumonarchistischen Verwicklungen kein Zweifel bestehen, ist eine notwendige Bedingung des Jecketums, aber ist sie auch hinreichend? Ach, hier tun sich neue Abgründe auf. »Der Österreicher unterscheidet sich vom Deutschen durch die gemeinsame Sprache« – dieses Diktum, das dem Wiener jüdischen Kabarettisten Karl Farkas zugeschrieben wird, war bestimmt nicht als Verbeugung vor den Deutschen gemeint. Schließlich verbeugen sich die deutschen Juden ja auch nicht vor mir, wenn sie mir leutselig anvertrauen, dass sie an meinem Dialekt (!!) gleich erkannt haben, wo ich herstamme. Also bitte! Natürlich spreche ich nicht Dialekt, sondern vielleicht, na sagen wir einmal, Melodie, und natürlich ist das österreichische Deutsch erstens richtiger und zweitens schöner als das germanische. Denn es darf ja nicht wahr sein, dass ich vom Theater zum Kaffeehaus »gelaufen« sein soll, wenn ich doch eindeutig ganz gemütlich gegangen bin. Und ist es etwa Hochsprache, wenn man, vermutlich wegen einer degenerativen Verspannung der Lippenmuskeln, nicht fähig ist, ein sauberes I zu bilden, und alle Silben zu »Sülben« verkommen lässt? Auf jeden Fall kriege ich lieber ein herzhaftes Bussi als ein kühles Küsschen, esse lieber Karfiol als Blumenkohl und habe, wenn es denn sein muss, auch lieber einen Patschen als einen Platten. Besonders irritierend, weil ganz unlogisch, ist aber das, was der Wiener Friedrich Torberg, ein ausgesprochener Jecke im Umgang mit der Sprache, in einem »Offenen Brief an einen preußischen Grammatiker« als »das preußische Partizip« bezeichnet hat, »in welchem man nicht gestanden, gesessen oder gelegen *ist*, sondern gestanden, gesessen oder gelegen *hat*«. Der Schlusssatz des Torberg'schen Verteidigungsplädoyers schafft in der Causa endgültig Rechtssicherheit: »Und dann wird hoffentlich Ruh' sein: wenn Sie und die übrigen angriffslustigen Verfechter der preußischen Grammatik vor einem Sprachgerichtshof gestanden sind – und gestanden haben, dass sie nicht Deutsch können.«

Aber natürlich ist keine Ruh', etwa bei der in Wien geborenen Dorit und dem in Berlin (er sagt »Börlün«) geborenen Avi, liebe Freunde von mir, die in Kiriat Ono leben und seit Jahrzehnten eine unter diesen schwierigsten aller Voraussetzungen erstaunlich glückliche Mischehe führen. Avi, wie

könnte es anders sein, sieht das Sprachproblem spiegelverkehrt und verachtet das »Alpendeutsch«, das er sich täglich
anhören muss. Seine Grundeinstellung zu den Wienern fasst
folgender Kommentar zusammen: »Wer aus Börlün kommt,
versteht nicht, warum die Leute sich so wichtig machen.«
(Eigentlich sagte er »wüchtig machen«.) Doch selbst Avi kon-
zediert (liegt hier das Geheimnis des Eheglücks?), dass die
Österreicher den Deutschen »bei der Küche weit überlegen«
sind – »da könnte man ihnen sogar verzeihen, dass sie nicht
rüchtig deutsch sprechen.«

In der Tat: Einer ethnischen Gruppe, die in Israel kulturelle
Großleistungen wie das Schnitzel, den »Eppelstrudel« und die
»Crem'schnitt'« vorzuweisen hat (vielleicht sogar das »Bej-
gele«, das als Beugel auf die Wiener Türkenbelagerung von
1683 zurückgehen dürfte), hat man Respekt zu zollen. Das
Häufchen der ehemaligen Österreicher (es waren nur rund
10 000, die in der Nazizeit Palästina erreichten) hat, wie die
ehemaligen Deutschen, einen Hauch von mitteleuropäischer
Urbanität in den keimenden jüdischen Staat mitgebracht, auch
die Donau-Jeckes haben Israel mit einigen Ministern, Abgeordneten, Botschaftern und Geheimdienstchefs versorgt, und
darüber hinaus noch mit einem extraordinären Bürgermeister
für Jerusalem – »es gibt eine ganze Menge von Dingen, die ich
von dort mitgenommen habe und für die ich dankbar bin«,
sagte Teddy Kollek einmal über seine multikulturelle Heimatstadt Wien, »das hat mir viel gegeben, um hier die Komplikationen … zu verstehen«. Was auch wieder reichlich übertrieben ist, weil in Israel eben niemand niemanden versteht, nicht
einmal ein Jecke den anderen.

# 6

## Herzl und das Schnitzel – zwei verflochtene israelische Erfolgsgeschichten

**Ben Segenreich**

Auswandern ist ein bisschen wie die Liebe, weil es romantische Motive hat, weil es manchmal schmerzt – und weil es auch durch den Magen geht. Dabei hatte ich noch Glück, immerhin bin ich in ein Land ausgewandert, Israel, das mit meinem Geburtsland, Österreich, einiges gemein hat. Zum Beispiel das Schnitzel, das auch Israels Nationalspeise ist, und Theodor Herzl, der sich in Wien den Judenstaat ausgedacht hat. So eng und selbstverständlich ist die Verflochtenheit, dass seinerzeit die Schulkollegen meiner kleinen Tochter, ungehobelte und unberechenbare kleine Eingeborene, die von Österreich, seiner Rolle in der Frühzeit des Zionismus und seiner kulinarischen Tradition nun aber schon überhaupt nichts wussten, den Herzl gerne »Schnitzel« nannten, einfach so, nur weil's so lustig klingt.

*Meine* Kinder sind natürlich, obwohl schon in Israel geboren, nicht so – das kann genetisch bedingt sein, weil ich in meiner Jugendzeit so viele echte Wiener Schnitzel in mich aufgenommen habe, dass Brösel ins Erbgut gerieselt sein *müssen*; es mag aber auch einfach daran liegen, dass wir jeden Sommer nach Wien zu den Großmüttern zu fahren pflegten. Meine Kinder haben also nicht nur reiche Erfahrung mit, eine herzliche Zuneigung zu und tiefen Respekt vor dem Schnitzel, sondern zählen auch die Frittatensuppe, den Kaiserschmarrn und den Mohr im Hemd zur Grundausstattung und zugleich zu den Höhepunkten irdischen Daseins.

Meine Liste ist, da ich skrupelloser und verfressener bin, naturgemäß länger, und ich esse mich bei jedem Wien-Aufenthalt, damit dieser sich auch lohnt, systematisch durch sie durch. In der Kategorie »Mehlspeisen« umfasst sie etwa Marmorgugelhupf, Sachertorte mit Schlag, Ischler, Marzipankartoffeln, Mohnnudeln, Germknödel, Kastanienreis. Mindestens ein Mal muss ich auch beim Würstelstand (Burenwurst aufgeschnitten, süßer Senf, Scherzerl) gewesen sein. Den süßen Senf von Mautner-Markhof nehme ich in den imposanten 330-Gramm-Tuben nach Israel mit, muss ihn hier aber in Ermangelung eines anderen Transportmittels an die völlig indiskutablen israelischen Würstchen verschwenden – sie sind zu kurz, gerade statt gekrümmt, manchmal so dicht aneinandergepresst, dass sie einen quadratischen Querschnitt annehmen, in glitschige, nylonartige dünne Häute gefasst und tragen infantile Namen wie »Gulliver« und »Miss Lucy«. Eigentlich sollte ich also den Senf nur mit Brot essen – womit ein anderer empfindlicher Geschmacksnerv berührt ist. In Sachen Brot sind die Israelis nämlich völlig ahnungslos. Sie haben das mit anderen, durchaus zivilisierten Völkern gemein, etwa mit den Italienern oder den Franzosen, die überheblich auf ihre Baguettes pochen. Baguettes sind in Israels Bäckereien und sogar Supermärkten in guter Qualität zu haben, weil die Israelis eben die Baguettes und all die anderen zu knackigen oder zu mürben und immer zu hellen Teigwaren für richtiges Brot halten. Zwei, drei israelische Bäckereiketten mit mitteleuropäischen Wurzeln bieten ordentliche dunkle, duftende Laibe an, mit denen man leben könnte, wenn es nicht unmoralisch wäre, so viel Geld für ganz gewöhnliches Brot auszugeben – die gleichen Gewissensbisse bereitet übrigens auch der Kauf von ganz gewöhnlicher Schokolade.

Dabei habe ich durchaus ein Herz für Pita und Schwarma. Trotzdem machte ich Augen wie Moses (der zwar keinen

Schnitzelpfannen, aber immerhin Fleischtöpfen entsagen musste) beim Anblick des Gelobten Landes, als vor vielen Jahren ein echtes Wiener Kaffeehaus auftauchte – war es ein Zufall, dass es ausgerechnet in Herzlia eröffnet wurde, der Stadt, die nach Herzl benannt ist? Die Antwort lautet wohl leider Ja. Aber immerhin, man konnte dort Meinl-Kaffee trinken und steirisches Kernöl erwerben, die (wenn auch hebräischen) Zeitungen waren in richtige Zeitungshalter gespannt, und in der Anfangsphase gab es einen Koch, der tatsächlich in Wien ausgebildet war und wusste, was ein Gulasch mit Nockerln ist. Mangels Verständnis und Nachfrage beim breiten Publikum ist das Lokal längst zugrunde gegangen. Davor war es so weit abgeglitten, dass es sich zuletzt »VIC« nannte, was zu nichts verpflichtete und zugleich, als letzte verschämte Anspielung auf den Gründungsgedanken, die Initialen von »Vienna International Coffee« darstellte. Echt wienerisch war das Kaffeehaus schon deswegen nicht mehr, weil es dann etwa den Apfelstrudel mit Eiscreme verpfuschte und außerdem Hamburger und Pasta führte – zugleich bluffte es mit »Wiener Cappuccino«, was immer das sein mochte, und »Mozartino«, was als Kaffee-Likör beschrieben wurde. Gulasch mit Nockerln war bis zuletzt noch zu haben, wobei Letztere zu »Bazakijot« verkommen waren (eine hebräische Wortschöpfung, die ungefähr mit »Teigchen« übersetzt werden kann).

Typisch israelisch war dabei, was mit der Orthografie getrieben wurde. Die Israelis sind nämlich restlos überfordert, wenn sie lateinische Buchstaben schreiben sollen, besonders bei der Rücktranskription von ursprünglich europäischen Namen und Ausdrücken kommt es regelmäßig zu barbarischen Entgleisungen. Der Höhepunkt von allem, was ich da schon gesehen habe, war eine Straße in der Stadt Holon, die nach Israels erstem Staatspräsidenten Chaim Weizmann benannt ist. Auf dem Straßenschild war der verdiente und berühmte Mann als

»Vaytsman« verewigt. Fünf Fehler in einem einzigen Wort! Was uns zur tragischen Parallele zwischen Herzl und dem Schnitzel zurückführt, die es aushalten müssen, oft »Hertzel« und »Shnizl« geschrieben zu werden. Man kann sich erschaudernd denken, was sich da im »englischen« Teil der israelischen Speisekarten so zusammenbraut. Das »VIC« wartete etwa in dichter Folge mit einem »Ceaser salad« (gemeint ist der römische Staatsmann) auf, mit »Fettuceini« und einem »Hungarian Gulys«, mit »Cafè a lait« und einem »Wein of the month«. Umso tiefer war ich beeindruckt, als ich vor Jahren im Restaurant »Matoug« am Platz des Unbekannten Soldaten in Gasa gleich nach dem »Shish Kabab« auf ein einwandfrei geschriebenes »Schnitzel« stieß, und zwar gleich drei Mal (»Chicken Schnitzel«, »Lamb or Beef Sweatbread Schnitzel«, »Beef Schnitzel«) – was natürlich nur möglich war, weil die Palästinenser von den Querverbindungen zwischen dem Schnitzel und dem Zionismus nichts wissen. Dass es jene geben muss, davon bin ich endgültig überzeugt, seit es mich einmal zufällig in die Industriezone der Küstenstadt Netanja verschlug. Im Vorbeifahren sah ich in der Pinkas-Straße ein Restaurant mit dem geheimnisvollen und zugleich demaskierenden Namen: »Das Schnitzel von Ayala – Das erste hebräische Schnitzel«.

Wann genau die Übernahme des Schnitzels durch die Hebräer vollzogen wurde, müsste indessen noch erforscht werden. In der Gründerväterzeit bis tief in die Fünfzigerjahre des letzten Jahrhunderts hinein hatte man, wie sich die Alten mit Bestimmtheit erinnern, jedenfalls kein Geld für solche Ausschweifungen und aß Gemüsestrudel und vielleicht dann und wann gekochtes Huhn. Anfang der Neunzigerjahre wiederum, als die Israelis schon zu einer Konsum- und Zeitmangelgesellschaft mutiert waren, dokumentierte ein israelischer Fernsehreporter einmal den Boom bei den Auslandsreisen und interviewte am Flughafen einen Mann, der Wien als sein Urlaubsziel angab. »Dann werden Sie also viele Schnitzel essen?«, fragte der Reporter beiläufig nach. »Nein, wieso?«, war die aufschlussreiche Antwort, »Schnitzel habe ich zu Hause, in Wien werde ich das essen, was die Einheimischen essen.« Auch wenn das an Usurpation grenzt (oder ist es, dem Zeitgeist mehr entsprechend, ein Beispiel von Globalisierung?) – ich bin der Letzte, der hier als Ankläger auftreten dürfte. Denn ungeachtet aller oben geschilderten Entbehrungen ist mein Emigrantenschicksal um vieles leichter als jenes der bürgerlichen Wiener Rechtsanwalts- und Ärztesöhne, von denen ich mir gar nicht ausmalen will, wovon sie sich seinerzeit im spartanischen Pionierland Palästina wohl ernährt haben. Ganz zu schweigen von Herzl selbst, der am 2. November 1898, dem Tag der historischen Audienz bei Wilhelm II. im Kaiserzelt zu Jerusalem, im Tagebuch festhielt, was die aufgeregte kleine Zionistendelegation, zum Teil »noch im Nachthemd«, an Vorbereitungen traf, ehe sie »im brennenden Mittagssonnenschein und weißen Staube« losfuhr: »Um ½ 12 Uhr waren wir mit unserem summarischen Mittagessen fertig. Ich hielt auf strenge Diät meiner Herren, damit sie mir ordentlich in Form seien.« Das klingt ganz und gar nicht nach Schnitzel.

Herzl führt zwar politische Motive an (er befürchtete Repressalien durch die Ottomanen, die damals die Region beherrschten und seine Judenstaatspläne für subversiv halten konnten), vielleicht lag es aber doch an dem Mittagessen, dass die Zionisten, wie die nächste Eintragung enthüllt, schon anderntags »mit dem Frühzuge« von Jerusalem nach Jaffa fuhren: »Ich wollte sofort die Stadt und das Land verlassen und eilte nach dem Hafen.« Herzl scheint sich nicht wirklich heimisch gefühlt zu haben, kein Wunder, hatte er in Jerusalem doch kaum etwas anderes vorgefunden als »die dumpfen Niederschläge zweier Jahrtausende voll Unmenschlichkeit,

Unduldsamkeit und Unreinlichkeit [...] in den übelriechenden Gassen«. Und trotz seiner ungeheuerlichen prophetischen Gaben konnte Herzl den Aufstieg des Schnitzels zu einem Symbol des Altneulands nicht vorausahnen. Ich hingegen stolpere immer wieder über so vieles, was mir über die Anfälle von Nostalgie hinweghilft. Etwa jenen Radiomoderator, der, verspielt wie die eingangs erwähnten Kinder, Israels Beitrag zu einem Eurovision Song Contest (das Lied »Light a candle«) spontan als »Light a Knejdl« ansagte. Auch das Knejdl, die ostjüdisch-angelsächsisch-israelische Abart des mitteleuropäischen Knödels, darf ja mit vollem Recht zu den »Niederschlägen zweier Jahrtausende« gezählt werden, wenngleich zu den erbaulichen. Und da schwingen wie beim Schnitzel sofort wieder alle Drähte meiner Identität mit, jene, die am Semmelknödel, und jene, die am Mazzesknödel hängen.

# 7

## Zeitzeugen

**Ben Segenreich**

### 1936-38: »Weil mir das mein Gewissen verbietet« – statt nach Berlin nach Palästina (1989)

Ich war immer ein bisschen stolz darauf, dass ich in der Stadt aufwuchs, wo der ruhmreichste jüdische Sportverein aller Zeiten zu Hause gewesen war. In meiner Kindheit und Jugend in Wien machte ich noch bei dem einen oder anderen Fußballspiel, Schwimm-Meeting oder Wettlauf des SC Hakoah mit, aber was da nach der Nazizeit wiedererstanden war, hatte mit dem einstigen Weltklasse-Sportbetrieb fast nur noch den Namen gemein. Umso faszinierender war es für mich, als ich in Israel Menschen begegnete, die noch in der »alten«, der »richtigen« Hakoah aktiv gewesen waren, und ganz besonders bewunderte ich die frühere Schwimmerin Judith Deutsch-Haspel. Mehr noch als durch ihre eigentlichen sportlichen Leistungen war sie dadurch berühmt geworden, dass sie als blutjunges Mädchen dem Schwimmverband die Stirn bot und Hitler-Deutschland boykottierte, was sie ihre Karriere kostete. Judith Deutsch-Haspel war eine Zeitzeugin für die Verhältnisse im Wien der 1930er-Jahre und in dem entstehenden jüdischen Staat, in den sie geflüchtet war. Im Rückblick fühle ich zudem eine persönliche Verbundenheit, weil sie auch eine Art Zeitzeugin der Entstehung von Herzlia Pituach war, dem Viertel, wo ich jetzt seit bald 27 Jahren lebe – kaum vorstellbar, dass hier nur ein paar von Sanddünen umgebene Häuser standen, als die Familie Deutsch sich hier niederließ. Ich habe Judith Deutsch-Haspel mehrmals vor der Kamera gehabt, zuletzt 1995, als der Präsident des Österreichischen Schwimmverbands eigens nach Israel flog, um sich bei der früheren Starsportlerin zu entschuldigen und ihr mitzuteilen, dass ihre Titel und Rekorde nun wieder in die Bücher eingetragen würden – mit einem halben Jahrhundert Verspätung! Damals durfte ich Judith Deutsch-Haspel auch beim Schwimmen bestaunen: Eigens für unsere Aufnahmen ist sie mit ihren 77 Jahren elegant in das Becken des Sharon-Hotels gehechtet und hat zügig einige Längen gekrault. Judith Deutsch-Haspel ist 2004 verstorben.

Zum ersten Mal haben mir Judith Deutsch-Haspel und ihr Mann, der ehemalige Hockey-Internationale Bernhard Haspel, 1989 aus ihrem Leben erzählt. Damals ist dieser Text entstanden.

»Ein wohlerzogener Junge aus gutem Hause hatte Tennis beim WAC zu spielen, nicht Fußball bei der Hakoah«, pointierte der Hakoahner Schani Kantor alias der Schriftsteller Friedrich Torberg die Weltanschauung seines Elternhauses. Bei den Familien Deutsch und Haspel war das ein bisschen anders. Bernhard Haspel, Jahrgang 1912 und nach eigener Aussage »als Zionist geboren«, brachte es über die Hakoah-Fußballsektion zum letzten jüdischen Hockey-Nationalspieler Österreichs. Für Judith Deutsch, Jahrgang 1918, war es, »als sich herausgestellt hat, dass ich gut schwimme, ein ganz gerader Weg zur Hakoah. Es war auch ein ganz gerader Weg nach Israel.« Die Fernsehdirektübertragung von der Abschlusszeremonie der Maccabia, des Weltfestes der jüdischen Sportler, brachte am 14. Juli gleich vier hervorragende Mitglieder der »alten Wiener Hakoah« groß ins Bild. Die Rekordläufer Erich Feuer und Walter Frankl und, Hand in Hand, das Ehepaar Judith Deutsch und Bernhard Haspel entzündeten Flammen zur Erinnerung an frühere Maccabiot romantischerer Epochen. Es war ein Nachklang von Ruhm und Ehre für den erfolgreichsten jüdischen Sportverein überhaupt, ein unwiederbringliches Phäno-

*Judith Deutsch-Haspel und Bernhard Haspel in Herzlia, 1989*

men wie die Menschen, aus denen er sich kristallisierte, die Wiener Vorkriegsjuden, die »echten« Wiener Juden, eine fast untergegangene Gattung. In Israel kann man zuweilen noch ein paar Exemplaren begegnen.

Eines der frühen Häuschen von Herzlia Pituach, einem feinen Villenvorort von Tel Aviv, ein Hündchen durchkläfft den Garten. Sport muss doch gesund sein, zumindest war er's vor 50 Jahren. Aufrecht und fidel sind die Haspels, sie hat so eine Art Backfischlächeln und die dazu passende Figur, er eine feine Lässigkeit und strahlt mit blauen Augen und weißem Haar. Sie necken einander harmonisch und lassen einander immer ausreden, in weichem Hochwienerisch, authentische Israelis. Neun Enkel von drei Kindern. Der Hausherr ist praktischer Arzt, will vom Ruhestand nichts wissen, die Ordination ist im Haus. Der Judith Deutsch wurde es in die Wiege gelegt. Ihr Vater, als Student unter dem Einfluss Theodor

Herzls und sogar Stenograf bei einem der Zionistischen Kongresse in Basel, war, im strammen Sportjargon der Jahrhundertwende, Vorturner der Damenriege des 1. Wiener Jüdischen Turnvereins. Er war ein gut aussehender Mann, der Oberbaurat Dipl.-Ing. Theodor Deutsch, und dazu als Vertreter einer großen Schweizer Firma ein etablierter und wohlhabender, wohnhaft im noblen Hietzing. Etabliert war auch das Töchterchen Judith, trotz des weiten Weges zum Training im Diana- oder Stadionbad, als mehrfache österreichische Meisterin und Rekordhalterin in verschiedenen Schwimmdisziplinen, Elfte der Weltrangliste über 400 Meter Freistil und Trägerin der goldenen Ehrennadel des Österreichischen Marathon-Komitees.

Aller gutbürgerlichen Integration zum Trotz stand fest, dass die Familie geschlossen ins staubige Pionierland Palästina gehen würde. Britische Zertifikate, horrende 50 Pfund Sterling das Stück, lagen ebenso bereit wie Geld in der Schweiz.

Judiths jüngere Schwester Johanna sollte nur noch maturieren. Deshalb fuhr die Mama auch 1935 zur 2. Maccabia nach Tel Aviv mit, »dass ich Gott behüte nicht dortbleib'«, aber auch als Anstandsdame, denn, Schwimmsport hin und Pioniergeist her, »wir sind ja so altmodisch erzogen worden, fast viktorianisch«. Judith Deutsch gewinnt nicht nur eine Gold- und eine Silbermedaille, sie bekommt durch die Teilnehmer aus Deutschland auch Informationen aus erster Hand über die dortigen Zustände, was ein Jahr später die schwierigste Entscheidung ihres jungen Lebens bestimmen sollte. Viele der jüdischen Sportler aus Europa, über dem der wachsende Schatten des Naziregimes lag, fahren trotz der Drohung der britischen Mandatsmacht nicht mehr nach Hause zurück. Bernhard Haspel, der Tormann der österreichischen Hockeyauswahl, hat noch in Wien sein Medizinstudium abzuschließen. Aber »von meiner Mannschaft ist die Hälfte hiergeblieben, obwohl doch Hockey ein sogenannter Nobelsport war – die haben alle gewusst, wo man gut isst und gute Zigarren kriegt«.

Wenn das so war, passte Bernhard Haspel nicht so recht dazu. Aus bescheidenen Verhältnissen stammend, schon mit fünf Jahren von den »wunderbaren Pfadfinderhüten« zur »ganz linken« zionistischen »Schomer Hatzair«-Bewegung gelockt, muss er sich das Studium selbst finanzieren. Er sattelt von Jus auf Medizin um, weil er schon an Auswanderung denkt und weniger von der Sprache abhängig sein will. Wegen der Maccabia fällt er 1935 in Anatomie durch und verliert ein Semester: »Das war der Preis, den ein fanatischer Sportler eben zu bezahlen hatte.« Anfang der Dreißigerjahre hatte Bernhard Haspel den langjährigen Goalie Arthur Max aus der Hakoah und der Nationalmannschaft verdrängt. Er revolutionierte die Torhütertechnik durch Paraden, die er vom Fußball übernahm. Drei Mal wurde er mit Hakoah Staatsmeister, zwei Mal Cupsieger. 1937 beim Länderspiel gegen Ungarn war der Tormann Haspel der letzte jüdische Nationalspieler, der Österreichs Farben trug.

Der zweite Hakoah-Internationale jener Tage war Kurt Ullmann, der übrigens 1935 in Palästina blieb. »Da haben die deutschen Zeitungen geschrieben: ›Die beiden hässlichen Juden Ullmann und Haspel verunstalten das österreichische Team.‹« »Ich will nicht von mir reden«, plädiert Bernhard Haspel kokett, »aber der Ullmann ist doch ein hübscher Junge.« Seine Frau bezeugt das ungefragt, aber mit Kennermiene. Antisemitismus war das tägliche Brot der jüdischen Sportler. »Wie wir auf dem Währingerplatz gegen den langjährigen Meister die Meisterschaft gemacht haben, da sind die Zuschauer nach dem zweiten Tor auf den Platz und haben einige von uns ohnmächtig geprügelt.« Judith Deutsch steht noch vor Augen, wie bei den Schwimmwettbewerben die Kraftsportler der Hakoah mobilisiert wurden: »Wenn wir das

Die österreichische Hockey-Nationalmannschaft mit dem Tormann
Bernhard Haspel, 1937

Bad verlassen haben, dann waren die Mädeln in der Mitte, die
Burschen außen, und die Boxer und Ringer haben uns eskor-
tiert.« Das Drama löst sich in Kichern auf: »Wir haben das
natürlich genossen – die feschen Burschen rundherum …«

Bitterernst war es der 17-Jährigen, als sie 1936 Österreich bei
Hitlers Olympiade in Berlin vertreten sollte, die durchaus
nicht von allen jüdischen Sportlern boykottiert wurde. Beim
Trainingslager in Pörtschach, wo die Eltern eine Villa gemietet
hatten, hielt man Familienrat. »Mach, was du für richtig
hältst!«, sagte der Vater nur. »Also mir war das unmöglich«, ist
Judith Deutsch noch heute die entschiedene junge Dame. »Bei
der Maccabia hatten mir die Kameraden aus Deutschland von
den Schildern auf den Schwimmbädern erzählt: ›Juden und
Hunden ist der Eintritt verboten‹.« Sie schreibt dem Schwimmverband höflich, dass sie nicht teilnehmen kann, »weil mir das

mein Gewissen verbietet«. Die Hakoahnerinnen Ruth Langer und Lucie Goldner schließen sich an. Skandal, Sperre durch den Verband und de facto Ende der Karriere. Alle ihre Titel und Rekorde wurden Judith Deutsch aberkannt.

Im September 1938, ein halbes Jahr nach Hitlers Einmarsch, ist die Familie Deutsch in Palästina. Bernhard Haspel noch nicht. »Ich war der letzte Jude, der in Wien promoviert hat. Im Taxi bin ich von Prüfung zu Prüfung gefahren. Der Dekan hat mir nicht einmal die Hand gegeben. Die Promotionsurkunde hat er mir nur so hingeschmissen.« Das war am 31. Oktober, zehn Tage vor der »Kristallnacht«.

Bernhard Haspels Eltern und Großeltern wurden später von den Nazis ermordet. Judith Deutschs Vater konnte ein paar britische Studentenzertifikate kaufen. Mit einem davon gelingt es, den jungen Arzt herauszuholen. »Ich hab kein Geld gehabt, das zurückzuzahlen, da hab ich sie eben geheiratet.« Zur Hochzeit sind alle Einwohner von Herzlia Pituach geladen – damals 24 an der Zahl. Nachher, die Braut im weißen Kleid, ihr Vater mit Melone, stapft man durch die Dünen, um Bäume zu pflanzen, die heute groß und stark in einem Park stehen.

Bernhard Haspel, ehemals Zögling des legendären jüdischen Zwi-Peretz-Chajes-Gymnasiums in Wien-Leopoldstadt und daher im Glauben, die hebräische Sprache zu beherrschen, verdingt sich selbstsicher als Sportlehrer an der Marineschule in Haifa. Da wird ihm – im wahren Sinn des Wortes – schmerzlich bewusst, dass er den falschen Wortschatz hat. Acht Stunden täglich muss er jede Übung stumm vorzeigen. Doch der Weltkrieg war im Gang. »Der moralische Druck war sehr stark, und ein bewusster Jude fühlte sich schlecht, wenn er nicht mitgekämpft hat«, allen Differenzen mit den Briten zum Trotz. Bernhard Haspel dient von 1940 bis 1946 beim britischen »Royal Army Medical Corps« in Ägypten. Die zwei

Jahre in Ismailia waren für seine junge Frau, wegen der Versorgungslage und der gesellschaftlichen Spannungen, »die schwerste Zeit meines Lebens, inklusive aller schweren Zeiten hier in Israel«. »Vor der britischen Uniform hatten die Araber Respekt – nur als Rommel bis El Alamein vordrang, haben sie uns ganz gut angespuckt.« Ob als Engländer oder als Juden, bleibt ungeklärt.

Politisch hat der frühere Linkssozialist einen weiten Bogen durchlaufen. »Das sogenannte Gemeinschaftsleben im Kibbuz hat mir missfallen. Als Individualist lasse ich mich in meinen Gedanken und Bewegungen nicht gern leiten.« Die Haspels sind Likud-Wähler. Einer der Schwiegersöhne, Menasche Ben-Ari, war für die Errichtung der jüdischen Siedlungen östlich von Jerusalem verantwortlich. »Er ist aber kein Rabiater!«, beschwichtigt das Viktorianische in der Schwiegermama. »Dort war Wüste, wo seit Menschengedenken niemand gelebt hat. Jetzt gibt es dort Kinder und Tausende von Olivenbäumen. Was daran schlecht sein soll, das soll mir einer erklären!« Zur Intifada fallen ihr nur die Worte ein, die ihr Vater beim Ausbruch des Unabhängigkeitskrieges von 1948 sprach, als Israel von sechs arabischen Ländern angegriffen wurde: »Wie wir diesen Krieg gewinnen können, weiß ich nicht, aber ich weiß auch nicht, wie wir ihn verlieren können.«

Nach Österreich fährt man häufig, auch weil Verwandte dort leben. Gefühle? Die frühere österreichische Meisterin versichert ernsthaft, keine zu haben: »Pas de sentiments, pas de ressentiments!« Der alte Doktor sieht das differenzierter: »Was ich an Kultur und Erziehung habe, habe ich dort bekommen. Ich will wieder dort sein, ich will die Sprache haben, die Sitten sehen, ins Theater, in die Oper gehen, die Dinge, die mich gebildet und geformt haben, wieder aufnehmen. Ich kann nicht gut zu einer anderen Kultur beitragen, wenn ich nicht behalte, was ich bekommen habe.« Und das Böse? »Ich nehme es als etwas, das gewesen ist. Es ist schwer, aber ich will lieber in der Zukunft leben.« Im Juni wurde Bernhard Haspel durch die feierliche Erneuerung seiner 50 Jahre alten Promotionsurkunde geehrt. »Dass die Botschaft eines Landes, das ihn hinausgejagt hat, für ihn eine Party macht, in unserem eigenen Land, das gibt einem Hoffnung für die Zukunft«, sagte dazu der israelische Schwiegersohn, der nichtrabiate.

## 1938: Die Israelin, die mit einem Nazi verheiratet war (1997)

250 alte Briefe haben bei Sotheby's in London einen Medienrummel ausgelöst – mit fast 260 000 Mark machten zwei amerikanische Telefonbieter bei der Versteigerung das Rennen, sie wollten die Sammlung dem Holocaust-Museum in Washington stiften. Wie das Tagebuch der Anne Frank hat das in der NS-Zeit niedergeschriebene Alltagszeugnis eine tiefere Wirkung als nachträglich verfasste Memoiren: »Man kann daraus ersehen, wie man damals gedacht und gefühlt hat«, sagt die Verfasserin der Briefe. Edith Beer ist mittlerweile 83 Jahre alt und wohnt in dem Mittelmeerstädtchen Netania – wohl die einzige Bürgerin Israels, die einmal mit einem Nazi verheiratet war. Geboren und aufgewachsen ist sie als Edith Hahn in Wien, der Vater führte ein Restaurant in der Innenstadt. Der »Anschluss« Österreichs an das Deutsche Reich 1938 verändert Ediths Leben entscheidend. Weil sie Jüdin ist, darf sie zur letzten Staatsprüfung, die ihr zum Abschluss des Jurastudiums noch fehlt, nicht antreten. Vor den Nazis fliehen wollte sie nicht, »weil ich verliebt war«: »Der Peppi« – Ediths Jugendliebe Joseph Rosenfeld – wurde von seiner nichtjüdischen Mutter nicht fortgelassen. 1941 werden Edith und Peppi aber getrennt. Sie wird zur Zwangsarbeit auf einem Landgut in

Osterburg bei Magdeburg verschickt. 80 Stunden pro Woche ist sie auf den Feldern, trotzdem entstand dort die Korrespondenz, die 56 Jahre später so viel Aufsehen erregen sollte: »Ich war gewohnt, mit ihm alles zu besprechen – ich habe über alles geschrieben, über die Arbeit, über die Leute, fast jeden Tag habe ich geschrieben.« Auch intime Dinge stehen in den Briefen – »es wäre mir ein bisschen peinlich, wenn meine Enkelkinder das lesen«, ziert sich die kleine alte Dame.

Monate später wird Edith Hahn aus einem anderen Arbeitslager bei Leipzig nach Wien zurückbeordert, weil sie in den Osten deportiert werden soll. Doch sie reißt sich noch im Zug den Judenstern von der Kleidung und taucht unter. Sie sieht zwar Peppi wieder, doch ihre Mutter ist nach Auschwitz verschickt worden, und Edith ist praktisch obdachlos. Durch ein genau durchdachtes, gefährliches Manöver – eine Freundin gibt an, ihre Papiere seien beim Rudern in die Donau gefallen – täuscht sie die Ämter und verschafft sich eine »arische« Identität. Mit dem neuen Namen Christine Denner kann sie aber nicht in Wien bleiben, weil hier die echte Christine Denner lebt. Die junge Jüdin geht im August 1942 nach München und arbeitet dort als Krankenschwester. Sie lebt mit einer Mischung aus extremer Vorsicht und Unbekümmertheit, geht mit jungen Männern aus, weil sie sonst auffallen würde, aber jeweils nur einmal, weil lästige Fragen lebensbedrohlich sind. Doch der gut aussehende, impulsive Werner Vetter, ein überzeugter Nationalsozialist, überrumpelt sie. Hat er Ihnen einfach gefallen? »Wahrscheinlich.« Nach kurzer Bekanntschaft macht er Edith einen Heiratsantrag. Sie windet sich, »aber dann habe ich ihm gesagt, dass ich Jüdin bin und mit falschen Papieren lebe, und er hat gesagt, das macht nichts«. Seine nationalsozialistische Begeisterung hat sich dann rasch gelegt. 1944 bekommen die beiden eine Tochter, wohl das einzige jüdische Kind, das in diesem Jahr in einem deutschen Spital geboren wird. Kurz nach Kriegsende wird die Ehe geschieden. Die Jugendliebe Peppi Rosenfeld ist 1977 in Wien verstorben, kurz zuvor hat er Edith die Briefe, die er eigentlich vernichten sollte, überlassen. Sie sind nun ein ungewöhnliches Dokument aus einer schweren Zeit.

## 1947: Israel wird »der Geburtsschein ausgestellt« (1997)

Langsam steigt die vornübergebeugte Gestalt mit dem sorgfältig gescheitelten weißen Haar die Rampe hinan, die zur Bühne des holzgetäfelten Auditoriums im Eretz Israel Museum in Tel Aviv führt. Mit unsicherem Schritt erreicht der alte Herr das Rednerpult. Dann spricht Gideon Rafael 40 Minuten lang völlig frei und ohne auch nur einmal zu stocken über die große Geschichte, deren Lauf er vor einem halben Jahrhundert mitgestaltet hat, und über ihre Nachwirkungen in Gegenwart und Zukunft. Die hebräischen Sätze sind wohlgebaut, der Akzent verrät unverkennbar die deutsche Herkunft des Vortragenden.

Der 29. November 1947 ist ein Datum, das in Israel jedes Kind kennt (oder zumindest laut Lehrplan kennen sollte) und nach dem sogar Straßen und Plätze benannt sind. An jenem Tag haben die Vereinten Nationen durch ihren Beschluss, Palästina in einen arabischen und einen jüdischen Staat zu teilen, in Rafaels Worten Israel »den Geburtsschein ausgestellt«. Dass der 84-Jährige eingeladen wurde, mit seinem Vortrag das Symposium im Museum zu eröffnen, ist eine natürliche Wahl: Er war als einer der Delegierten der »Jewish Agency«, der vorstaatlichen Schattenregierung der Juden in Palästina, bei der nervenzerreißenden Abstimmung in einer umgebauten Eissporthalle in Flushing Meadows dabei.

*Israels damaliger UNO-Botschafter Gideon Rafael (rechts) neben Außenminister Abba Eban, 1967*

»Wir saßen nicht im Plenarsaal, sondern in einem Neben-raum, ich notierte die Ja- und die Nein-Stimmen auf einem Stück Papier«, schildert Rafael die entscheidenden Sekunden, als der brasilianische Versammlungsvorsitzende Oswaldo Aranha die Nationen in alphabetischer Reihenfolge aufrief. Die Araber waren gegen die Teilung, die Juden dafür, zur Annahme des Teilungsvorschlags war eine Zweidrittelmehr-heit notwendig. »Als Frankreich mit Ja stimmte, statt sich zu enthalten, da wussten wir, dass die Resolution durchgeht, und Applaus brandete auf.« Eine Stunde vor der Abstimmung hatten noch ein, zwei Stimmen gefehlt, die letzten Tage vor dem 29. November hatten eine der forschesten Pressionskam-pagnen gebracht, die die UNO je gesehen hat. Jede Seite zählte hektisch die freundlichen, unfreundlichen und schwankenden Nationen. Je nach Lage versuchte man, die Abstimmung rasch

109

herbeizuführen oder sie hinauszuzögern. Die Zukunft des Nahen Ostens schien von einigen entlegenen Ländern wie Liberia, Haiti oder den Philippinen abzuhängen. Ein Hinweis der amerikanischen Reifenfirma »Firestone«, sie überlege, ihre Investitionen abzuziehen, soll etwa Liberia »überzeugt« haben, für die Teilung zu votieren. Der Ausgang von 33 zu 13 bedeutete, dass die Juden mit einem Polster von nur zwei Stimmen gewonnen hatten.

»Wir waren in einer unbeschreiblichen Hochstimmung«, erzählt Rafael. »Ein Lyriker unter uns sagte, er höre die Glocken der Ankunft des Messias, Realisten hörten auch das Donnern eines sich nähernden Krieges. Aber keiner hat an diesem Tag gedacht, auch die Araber nicht, dass der Konflikt 50 Jahre später nicht ganz gelöst sein würde.« In Palästina tanzten die Juden auf den Straßen, während ihr Führer David Ben-Gurion, der knapp ein halbes Jahr später den Staat Israel ausrufen sollte, sich schon auf Pläne zu dessen Verteidigung gegen den unvermeidlichen militärischen Ansturm der Araber konzentrierte. Aus deren Sicht war es eine vom westlichen Imperialismus eingefädelte ungeheuerliche Ungerechtigkeit, dass sie den Juden einen Teil Palästinas überlassen sollten: »Die Teilungslinie wird nichts als eine Linie von Feuer und Blut sein«, drohte Dschamal al-Husseini, der Präsident des »Arab Higher Committee«. Wäre es nach der Karte der UNO gegangen, dann hätte es sogar ein ganzes Netz von Teilungslinien gegeben. Juden und Araber sollten je drei Dreiecke bekommen, die an den Spitzen zusammenhingen. Doch de facto wurde der Umriss Israels durch seinen »Unabhängigkeitskrieg« bestimmt, der am 15. Mai 1948, dem Tag nach der Staatsgründung, mit der Invasion durch sechs arabische Armeen begann. »Der erste Salut für den neuen Staat«, sagt Rafael, »kam von der ägyptischen Luftwaffe, als die Tel Aviv bombardiert hat.« Nach acht Monate währenden Kämpfen, in denen 6000 Israelis fielen – ein Prozent der damaligen jüdischen Bevölkerung und weit mehr als in allen späteren Waffengängen –, wurden 1949 Waffenstillstandsverträge ausgehandelt. Der jüdische Staat war mit Teilen Galiläas, der Negev-Wüste und Jerusalems ausgepolstert, die die UNO für ihn nicht vorgesehen hatte. Die Grenzen sollten bis 1967 gelten, als der Sechstagekrieg wieder alles verschob.

Gideon Rafael war während des Sechstagekrieges – »er wurde ja nicht nur auf dem Schlachtfeld geführt, sondern auch in der politischen Arena« – Israels UNO-Botschafter und dann fünf Jahre lang Generaldirektor des Außenministeriums, die Höhepunkte der langen Diplomatenkarriere eines 1934 als »Chalutz«, also als landwirtschaftlicher Pionier, eingewanderten Berliner Jungen. War der Beschluss vom 29. November 1947 im Rückblick wirklich so wichtig, wo doch die Teilung nicht von beiden Seiten akzeptiert und der Ausgang letztlich durch Waffengewalt entschieden wurde, wäre der jüdische Staat nicht in jedem Fall entstanden? »Der Kampf um unsere Unabhängigkeit wäre jedenfalls noch schwieriger gewesen ohne die Legitimation durch die internationale Gemeinschaft«, glaubt Rafael. Für ihn ist Palästina, über das die damals gerade zwei Jahre alte UNO sich zum Schiedsrichter erhob, aber auch der Präzedenzfall für deren Impotenz. Denn als die arabischen Länder den Beschluss missachteten, habe der Sicherheitsrat nichts getan, um ihn militärisch durchzusetzen: »Im Grunde waren wir diejenigen, die die Resolution für die UNO gerettet haben, denn wir haben uns selbst verteidigt.« Danach habe die UNO bei Dutzenden bewaffneten Konflikten in aller Welt ohnmächtig zugesehen.

Das lag natürlich nicht zuletzt am immer schärferen Zerwürfnis der Alliierten USA und Sowjetunion. Die Teilung Palästinas hingegen war wohl die einzige geopolitische Entscheidung nach dem Weltkrieg, die von beiden Großmächten gemeinsam getragen wurde. Die Dokumente, die erhellen könnten, was die Sowjets motiviert hat, sagt Rafael, lägen immer noch in verschlossenen Archiven. Ein Element sei aber sicher gewesen, dass sie das jüdische Volk als Mitleidenden gesehen hätten, der durch den gemeinsamen Feind Nazideutschland enorme Verluste erlitten habe – das sei zu jener Zeit in den Erklärungen der Sowjets deutlich zum Ausdruck gekommen. Zudem wollten sie die Vormachtstellung des Westens im Nahen Osten eindämmen und waren daher an einem raschen Abzug der Briten interessiert. Der damalige UNO-Botschafter und spätere Langzeitaußenminister Andrei Gromyko habe sich jedenfalls in einem kritischen Augenblick vorbehaltlos für die jüdische Sache verwendet. »Er war ein Großmeister des Protokolls und der Statuten«, erinnert sich Rafael, und als die Araber am 29. November die Entscheidung plötzlich wieder um Monate hinausschieben wollten, erzwang Gromyko unter Hinweis auf den entsprechenden Artikel im Reglement die unverzügliche Abstimmung.

Ohne Zweifel hätten die Araber damals auf friedlichem Weg weit mehr Territorium bekommen können, als sie heute nach 50 Jahren Kampf auch nur zu fordern wagen. Aber hätten sie damals irgendetwas anders machen können, war nicht jedes Arrangement mit den Zionisten einfach eine Denkunmöglichkeit? Rafael erwähnt König Abdallah von Transjordanien, der eine Einigung suchte und wenige Tage vor der Abstimmung im Geheimen Israels spätere Ministerpräsidentin Golda Meir traf. Abdallah schätzte einerseits die militärische Kraft der arabischen Koalition realistisch ein und wollte andererseits die den Arabern zugesprochenen Teile Palästinas seinem Reich einverleiben. Doch Abdallah, der Großvater des jetzigen Königs Hussein, war zu schwach, und man musste noch genau 30 Jahre auf »die große Vernunftleistung von Anwar Sadat« warten – der »ägyptische Präsident sah ein, »dass die Araber nicht die Macht haben, Israel zu eliminieren«.

Die Juden mögen einen moralischen Anspruch auf Palästina gehabt haben, letztlich wurde ihr Staat aber durch vollendete Tatsachen, nämlich durch Besiedlung und militärische Siege, geschaffen. Warum sollte man die Politik nicht fortsetzen, die seit der Begründung des modernen Zionismus vor 100 Jahren so erfolgreich war, und nicht etwa weiterhin einseitig Siedlungen im Westjordanland bauen? »Weil wir uns immer fragen müssen, wie weit wir das Kabel spannen können, bevor es reißt. Und wenn wir es überspannen, kann das wieder zu einem Krieg führen, den keine Seite will.« 50 Jahre nach dem Teilungsbeschluss ist die Teilung Palästinas noch nicht vollendet, eben in diesen Tagen wird wieder darum gefeilscht, ob Israel in der nächsten Rückzugsphase den Palästinensern sechs, zwölf oder 30 Prozent des Westjordanlands übergeben soll. Wo im Endstadium die Grenzen verlaufen werden, will Rafael nicht prophezeien, aber er ist überzeugt: »Es wird zu einer Einigung kommen. Es ist nie zu spät – der Friede ist unterwegs. Im Moment fehlt es an der Vernunft unserer politischen Führer. Die Völker, die mehr als die Politiker unter den Kriegen gelitten haben, müssen die Politiker über die letzte Meile zum Frieden führen.«

## 1948: Die »Ausrufung der Unabhängigkeit« (2008)

»Dunkle Festkleidung« solle man anlegen, stand auf der Einladung zu einer kurzfristig einberufenen Sitzung des jüdischen »Volksrats«, Versammlung um 15.30 Uhr, Beginn um 16 Uhr. Der einzige Tagesordnungspunkt lautete: »Ausrufung der Unabhängigkeit«. Das abgegriffene weiße Doppelblatt hütet Arieh Händler wie einen Schatz. »Kamerad Händler«, wie er auf der Einladung genannt wird, dürfte der letzte Überlebende von jenen rund 120 Menschen sein, die damals am 14. Mai 1948 im Tel Aviver Museum in der Rothschild-Straße 16 dabei waren. »Diese Einladung habe ich bekommen in der Früh am Tag, an dem es passiert ist«, erzählt der im deutschen Magdeburg geborene 92-Jährige mit leuchtenden Augen. »Jemand kam mit einem Motorrad und hat mir das ins Haus gebracht. Das Gefühl war ungeheuer, fast wie wenn der Messias gekommen ist. Meine Frau hat gelacht und gesagt: ›Arieh, nimm das nicht ernst, der Staat wird noch nicht gegründet werden.‹ Da hab ich gesagt: ›Henny, wenn Ben-Gurion so einen Brief schickt und mich einlädt, zu so einer Veranstaltung zu kommen, das ist ernst.‹«

Laut Händler, der damals ein junger Funktionär einer linksreligiösen zionistischen Bewegung war, ist alles bloß der Entschlusskraft von David Ben-Gurion zu verdanken, dem legendären ersten Ministerpräsidenten, der auch den Namen des neuen Staates, Israel, bestimmte. In der zionistischen Führung und im Ausland rieten viele davon ab, sofort am Tag des Abzugs der britischen Soldaten aus dem Mandatsgebiet Palästina den jüdischen Staat auszurufen. Das Hauptargument war, dass man noch warten sollte, bis mehr Waffen herangeschafft wären, denn niemand zweifelte daran, dass die arabischen Armeen sofort angreifen würden. Händler glaubt, dass die USA Ben-Gurion deswegen zurückhielten, weil sie befürchteten, Israel würde ein kommunistischer Staat werden. Aber Ben-Gurion erkannte, dass die Gelegenheit ergriffen und das Vakuum sofort gefüllt werden musste. »Wenn Ben-Gurion das damals nicht gemacht hätte«, ist Händler überzeugt, »dann gäbe es heute den Staat Israel nicht. Ben-Gurion hat gesagt, der Staat wird das sein, was wir wollen – wenn wir einen kommunistischen Staat wollen, wird er kommunistisch sein, wenn wir einen bürgerlichen Staat wollen, wird er bürgerlich sein.«

*David Ben-Gurion ruft den Staat Israel aus (14.5.1948)*

Es war ein Freitag, und Ben-Gurion spulte die Sitzung samt Verlesung und Unterzeichnung der Unabhängigkeitserklärung zügig ab, um sicher noch vor dem Beginn der Schabbat-Ruhe fertig zu werden. »Und dann sind wir hinausgegangen und haben alle angefangen, in den Straßen zu tanzen – da war die ägyptische Luftwaffe schon über uns und hat Tel Aviv bombardiert.«

In 20 Kilometer Entfernung hatte auch Chaja Cnaani, 1925 in Wien als Lieselotte Laub geboren und mit 14 Jahren den Nazis ins spätere Israel entkommen, gespannt der schneidenden hohen Stimme Ben-Gurions gelauscht. »Ich erinnere mich – wir sind vor dem ganz großen Radio gesessen im kleinen Speisesaal und haben gehört, wie man über die Unabhängigkeit abgestimmt hat. Und nachher war eine große Freude, man hat angefangen zu tanzen und zu singen, und gleich nachher ist der Krieg ausgebrochen.« Während der Kämpfe

**115**

schuftete Chaja in einer unterirdischen, improvisierten Munitionsfabrik. Die stille, aber auch im Alter noch voller Tatendrang steckende Frau gehörte damals schon einer Gruppe von rund 150 jungen Menschen an, die 1949 an der Mittelmeerküste nördlich von Tel Aviv den Kibbuz Maagan Michael gründen sollte, wo Chaja heute noch lebt. »Als wir herkamen, war hier nichts, nur Erde und Sand vom Meer und Steine – alles war sehr primitiv, und wir waren auch sehr arm, haben einfach gar nichts gehabt.« Heute ist Maagan Michael mit fast 1500 Bewohnern der größte Kibbuz des Landes, eine Mischung aus Bungalowsiedlung im Grünen, diversifiziertem Massenbetrieb, Unterrichtszentrum und Freizeitparadies.

In den mühseligen ersten Jahrzehnten war es ideologisch motivierte Ehrensache gewesen, auch auf minimale persönliche Annehmlichkeiten zu verzichten und alles in den Aufbau zu stecken. »Man ist zusammen duschen gegangen – erst als ich schon 38 war, hatten wir ein eigenes Badezimmer«, lächelt Chaja ein bisschen bitter. Am Anfang stand die klassische Kibbuz-Landwirtschaft mit Zitrus-, Bananen- und Avocadoplantagen und einem großen Kuhstall, den es natürlich immer noch gibt. Dann wurden gewaltige und bis heute lukrative Fischteiche angelegt. Haupteinnahmequelle ist aber längst »Plasson«, eine äußerst erfolgreiche moderne Fabrik, die Plastikteile für Bewässerungsanlagen in alle Welt exportiert, 200 Millionen Dollar Umsatz macht und neben 300 Kibbuz-Mitgliedern noch 400 Angestellte beschäftigt. Die beinahe bolschewistischen Dogmen aus der Pionierzeit – kollektives Eigentum, gemeinsame Schlafräume für die Kinder fern der Eltern, Mahlzeiten ausschließlich im zentralen Speisesaal, ein allmächtiges Kibbuz-Sekretariat – haben sich mit den Jahren aufgeweicht. »Es gibt schon Privateigentum, sodass die Leute sich in den Häusern auf eigene Kosten Zimmer dazubauen können«, so Chaja Cnaani. »Die Mitglieder in meinem

*David
Rubinger*

Alter sind damit nicht so zufrieden, aber wir haben jetzt schon
die vierte Generation hier, und das Leben gehört den Jungen.«
   An jenem Nachmittag vor 60 Jahren, als alles begann, war
David Rubinger ganz und gar nicht nach Tanzen zumute. Er
weiß noch genau, an welcher Stelle in Jerusalem er als 24-jäh-
riger Kommandant einer jüdischen Kompanie unter schwe-
rem Feuer der Arabischen Legion hinter einer Mauer lag: »Ich
habe keine Ahnung gehabt, dass man in Tel Aviv einen Staat
ausruft.« Rubinger, der ebenfalls aus Wien stammt, war damals
schon verheiratet und sorgte sich um seine Frau und die fünf
Monate alte Tochter. »Wir waren damit beschäftigt, zu überleben – Jerusalem war schwer belagert, unter täglichen Kano-
nenangriffen. In der Stadt wurden mehr Leute getötet als an
der Grenze, weil Frauen und ältere Menschen Schlange standen für Brot und Wasser. Wasser wurde von Lastwagen ver-

teilt, in den Leitungen war ja kein Wasser. Also da hat man keine Zeit gehabt, sich zu freuen.«

Aus Rubinger wurde ein prominenter Pressefotograf, der mit der Kamera in der Hand noch viele Kriege miterleben sollte. Im Rückblick auf die 60 Jahre sagt er, was wohl fast alle aus der Gründergeneration denken: »Es ist sicher nicht das Israel, von dem wir geträumt haben.« Arieh Händler, der viele Jahre in London gelebt hat und erst mit 90 nach Israel zurückgekehrt ist, vermisst die innere Solidarität, die »gesunden Ideale« und die Führungsqualitäten, die es früher gegeben habe: »Wir wollten der Welt zeigen, dass wir wissen, wie man auf der Basis sozialer Gerechtigkeit ein Land aufbaut, aber die heutige Führung, das sind Leute, die nicht wirklich wissen, was sie für das Land wollen.« Chaja Cnaani müsste mit großer Befriedigung

*David Rubinger im Unabhängigkeitskrieg 1948*

auf den blühenden Kibbuz, auf ihre drei Kinder, zwei Adoptiv-kinder, zehn Enkel und zwei Urenkel schauen, aber ihre Familie trägt auch die Narben des ewigen Konflikts, denn einer ihrer Söhne wurde 1973 im Jom-Kippur-Krieg schwer verwundet und ist blind. »Ich persönlich bin enttäuscht«, sagt sie, »es wird hier nie Frieden geben. Außerdem war das Leben in Israel früher idealistischer, viel bescheidener, und heute hat sich alles geändert, das Geld ist das Wichtigste, und es gibt sehr reiche Schichten und sehr arme Schichten – das war früher nicht so.« Für David Rubinger war der Sechstagekrieg von 1967 ein negativer Wendepunkt, weil Israel seither das Westjordanland kontrolliert und »eine Macht geworden ist, für die Kraft wichtiger ist als alles andere«. Doch andererseits: »Was hier passiert ist in 60 Jahren, dass 600 000 Menschen, von denen ein volles Prozent im Unabhängigkeitskrieg gefallen ist, einen Staat gegründet haben, der heute sieben Millionen Einwohner hat, ein kleiner Staat, aber führend in der Welt auf vielen Gebieten – Hitech, Medizin, Landwirtschaft, Militär –, das ist in der Geschichte beispiellos.« Und Rubinger sieht auch einen politischen Silberstreif, denn »von einer Situation, wo uns sechs arabische Staaten überfallen haben, sind wir in eine Situation gekommen, wo Frieden mit Ägypten und mit Jordanien besteht und Saudi-Arabien einen Plan für einen möglichen Frieden mit der ganzen arabischen Welt vorgelegt hat.«

## 1948: Der Kibbuz, der zwei Mal gegründet wurde (1998)

Am Abend des 16. Mai 1948 – der Staat Israel war gerade zwei Tage alt – waren die 35 Kinder im Kibbuz Nitzanim vor dem Zubettgehen mit Schlafmitteln betäubt worden. »Um zehn Uhr haben sie uns dann aus den Betten geholt, uns im Halbschlaf angezogen und uns auf ihre Schultern gesetzt«, erzählt Hadassa Vidal, »dann haben sie sich zum Marsch formiert.« Die Väter, die ihre Kinder tragen, bilden die mittlere Kolonne, rechts und links geht je eine Kolonne bewaffneter Soldaten. Zwei Stunden dauert die Nachtwanderung, obwohl die Distanz nicht groß ist. »Sie sind sehr vorsichtig gegangen, im Dunkeln, abseits der Wege über die gepflügten Felder, damit man die Schritte nicht hört. Und bei jedem Schuss in der Ferne, bei jedem Bellen eines Hundes sind sie stehen geblieben, um zu schauen, ob wir entdeckt sind.« Am vereinbarten Treffpunkt warten Soldaten, die die Kinder übernehmen und ins nahe Beer Tuvia in Sicherheit bringen. Die Väter machen kehrt und schleichen zurück in ihren Kibbuz, der sich für eine furchtbare Prüfung bereit macht.

Keine 40 Autominuten sind es heute auf der Küstenstraße, die südwärts zum Gasastreifen führt, von der hektischen Metropole Tel Aviv nach Nitzanim – dem typisch friedvollen, grünen, sonnendurchfluteten Kibbuz mit den typischen Wegweisern zum Sekretariat und zum Schwimmbecken und dem typisch spartanischen Charme des immer ein wenig nach Abwaschwasser duftenden Speisesaals. Zum Unterschied von den meisten anderen Kibbuzim geht es Nitzanim wirtschaftlich nicht schlecht – von jeher hält man Milchkühe und erntet Orangen, Baumwolle und Mais, Haupteinnahmequelle ist indessen längst die Fabrik, die Autobussitze und orthopädische Stühle erzeugt. Doch die Normalität des Alltags verbirgt, dass Nitzanim kein Kibbuz wie alle anderen ist: Für seine Mitglieder ist er »der Kibbuz, der zwei Mal gegründet wurde«, viele Israelis kennen ihn bloß als den »Kibbuz, der sich ergeben hat«. Das »Schandmal« aus der heroischen Zeit des Unabhängigkeitskrieges, das längst verblichen sein sollte, brennt den Menschen von Nitzanim auch nach 50 Jahren noch auf der Seele.

*Der Kibbuz Nitzanim kurz nach seiner Gründung*

Damals, als Israel entstand, lag Nitzanim an der Front – ein hebräisches Wehrdorf in der Negev-Wüste, von arabischen Siedlungen umschlossen. Am 29. November 1947 hatte die UNO zum Entsetzen der arabischen Welt die Teilung Palästinas und damit die Schaffung eines jüdischen Staates beschlossen. Die Wartezeit bis zum Abzug der britischen Mandatsmacht am 14. Mai 1948 war von sporadischen Scharmützeln zwischen Juden und einheimischen »arabischen Banden« geprägt. Doch ihr wirklicher Überlebenskampf, das war den Juden klar, würde erst mit der Intervention regulärer Truppen der arabischen Nachbarstaaten beginnen. Vom Süden her rückte eine gewaltige ägyptische Kolonne von 1200 Militärfahrzeugen an. Der Kibbuz Jad Mordechai, 20 Kilometer vor Nitzanim gelegen, war schon gefallen. Allen war bewusst, dass Nitzanim ein aussichtsloser Kampf bevorstand, sagt Hadassa Vidal, heute eine 53-jährige Musiklehrerin: »Aber die Mitglieder haben gesagt: ›Da gibt's nichts zu reden, wir gehen hier nicht weg, das ist unser Zuhause.‹«

121

Zwei Wochen nach den Kindern wurden auch alle Mütter evakuiert. Nur Mira Ben-Ari bestand darauf, im Kibbuz zu bleiben, obwohl sie einen zweijährigen Sohn hatte: Sie war ausgebildete Funkerin und glaubte, im Kampf unentbehrlich zu sein. 67 Mitglieder, davon zehn Frauen, verschanzten sich im Kibbuz, verstärkt durch 74 zum Teil schlecht ausgebildete Soldaten. Das Arsenal der Verteidiger umfasste nur rund 100 leichte Waffen und eine Panzerabwehrkanone. In der Nacht auf den 7. Juni setzt schwerer Artilleriebeschuss ein, am Morgen greift das 9. ägyptische Infanteriebataillon an, unterstützt durch Panzer und Kampfflugzeuge. Am Nachmittag ist ein Drittel der Verteidiger tot oder verwundet – Wasser und Munition sind fast verbraucht, die Funkverbindung ist zusammengebrochen, es besteht keine Hoffnung auf Verstärkung. Avraham Schwartzstein, der Kommandant, muss einsehen, dass das Massaker sinnlos geworden, dass Nitzanim verloren ist. Er entschließt sich zur Kapitulation. Sein weißes Unterhemd schwenkend, geht er auf die Belagerer zu, Mira begleitet ihn – angesichts einer Frau, so glaubt sie, werden die Ägypter nicht schießen. Doch beim ersten Blickkontakt wird Schwartzstein von einer Salve niedergemäht. Mira schießt zurück, auch sie ist Sekunden später tot.

Nach jedem vernünftigen Maßstab hatte Nitzanim sich heldenhaft gewehrt – doch zwei Tage später erschien »das Flugblatt«, bei dessen Erwähnung die Menschen in Nitzanim noch heute die Lippen verkneifen. Gezeichnet vom Kommandanten der für den Abschnitt zuständigen »Givati«-Brigade, brandmarkte es jene Kämpfer, die die Waffen gestreckt hatten, kollektiv als Verräter und Feiglinge: »Sich zu ergeben, solange der Körper noch lebt und die letzte Kugel im Magazin noch atmet, ist eine Schande.« Gewiss wollte die militärische Führung vor allem die Kampfmoral der anderen jüdischen Siedlungen stärken und nicht den Ruf von Nitzanim zerstören. Doch der

*Kibbuz-Mitglieder in ägyptischer Gefangenschaft*

pathetische Text fand weite Verbreitung, und da half es auch
wenig, dass eine Untersuchungskommission Nitzanim ein
Jahr später voll rehabilitierte.

»Sie haben uns mit Schlamm beworfen, und der Fleck ist
haften geblieben«, sagt Jardena Eschel, die vor 50 Jahren unter
den evakuierten Kindern war. Aber die israelische Gesellschaft
nimmt die alten Parolen doch heute nicht mehr ernst, der
militärische Ehrenkodex, der »dem Flugblatt« zugrunde liegt,
ist doch längst überholt? »Die Doktrinen haben sich vielleicht
geändert«, meint die 54-jährige Lehrerin, »aber uns beurteilt
man trotzdem noch nach den Werten von damals. Erst vor
Kurzem haben mir zwei 16-Jährige aus Jad Mordechai gesagt:
›Ihr seid ganz still, denn ihr in Nitzanim habt euch ergeben,
und wir haben gekämpft.‹« »Wir können diese Empfindlich-
keit einfach nicht ablegen«, fügt Hadassa Vidal hinzu, »immer,
wenn etwas über den Unabhängigkeitskrieg veröffentlicht
wird, zittern wir: Was schreiben sie über Nitzanim, wie werden wir dargestellt?«

Jardena Eschels Vater war unter den 105 Kämpferinnen und Kämpfern, die nach der Kapitulation in ägyptische Gefangenschaft gerieten. »Zunächst wurden sie gedemütigt, beschimpft, bespuckt – im Nachbardorf Midschdal, dem heutigen Aschkelon, hat man sie auf einer Siegesparade zur Schau gestellt. Aber in Kairo wurden sie dann gut behandelt, durften Sprachen lernen, Briefe schreiben.« Nach neun Monaten kamen sie frei. Ein Teil der Mitglieder des zerstörten Kibbuz machte sich daran, ihn wiederzuerrichten, aber in zwei Kilometer Entfernung von seiner ursprünglichen Stätte, die vom Blut der gefallenen Kameraden getränkt war.

Ariel Kampeas ist schon im »neuen« Nitzanim geboren. Mit der rot behaarten Brust, der sonnenverbrannten Haut und der bärenhaften Figur ist er das Urbild des Kibbuzniks, die sanfte Stimme passt nicht so recht dazu. Neben seinem Job in der Orangenplantage kümmert er sich um das Archiv und das Andenken an die Gefallenen, ein wichtiges Anliegen des Kibbuz. In der Gedächtnishalle, einem düsteren Betongebäude, kramt er in staubigen Laden nach fleckigen Dokumenten. Von geometrisch aufgereihten Fotos an der Wand starren traurig die jungen Gesichter von 30 Männern und drei Frauen – die Toten der verzweifelten Schlacht um Nitzanim.

Nicht trotz, sondern gerade wegen der ungerechten Stigmatisierung wird hier der Mythos der Gründerzeit gepflegt, Jardena Eschels Generation ist für immer davon geprägt: »Wir haben die Geschichte von Nitzanim mit der Muttermilch eingesogen.« Aber im modernen Israel ist kaum mehr etwas heilig. Seit einem Jahrzehnt sind Israels »neue« oder »revisionistische« Historiker dabei, die patriotischen Mythen systematisch zu zertrümmern. Alles soll ganz anders gewesen sein, als es in den Schulbüchern steht. Was fängt man etwa in Nitzanim mit der These an, dass die Juden im Unabhängigkeitskrieg zahlen- und ausrüstungsmäßig gar nicht unterlegen gewesen seien? »Zumindest über das Kräfteverhältnis hier gibt es keinen Zweifel«, meint Hadassa Vidal. »Aber die Zerstörung der Mythen ist eine Mode geworden, und das stört mich sehr, das tut den Menschen von damals unrecht, die haben ja an das geglaubt, was sie taten, für die ging es um Sein oder Nichtsein.« »Wenn man nur mit heutigen Kriterien auf die damalige Zeit schaut«, pflichtet Kampeas bei, »dann kann man die Geschichte nicht verstehen – da kommen nur Dummheiten heraus.«

Doch die Menschen von Nitzanim sind bestimmt keine starren Dogmatiker – wie fast alle Kibbuzniks stehen sie mit beiden Beinen fest im »linken« Friedenslager. Sie befürworten etwa eindeutig die Schaffung eines Palästinenserstaats: »Wir gehören nicht zu jenen Israelis«, sagt Kampeas, »für die der Boden über alles geht. Wir wollen den Frieden, weil wir hier wissen, was Krieg und was Trauer ist.« Und doch – als 1977 Präsident Anwar Sadat nach Jerusalem reiste und Ägypten dann als erstes arabisches Land mit Israel Frieden schloss, kamen manche in Nitzanim emotional nicht mit: »Ich war sehr für den Frieden«, sagt Hadassa Vidal, »aber es gibt da eine Trennung zwischen Verstand und Gefühl.« Die Ägypter waren ja jene Feinde gewesen, denen man Auge in Auge gegenübergestanden war: »Ich bin bis heute nicht imstande, nach Ägypten zu fahren. Das ist vielleicht die Furcht, jemandem zu begegnen, der meine Freunde getötet hat, das ist ein grundsätzliches Misstrauen, das trotz des Friedens nicht gebrochen ist: Der Ägypter ist etwas Bedrohliches – was wird er tun, wenn ich ihm den Rücken zuwende?«

Mit den Ereignissen, an die sich Israel aus Anlass seines 50-jährigen Bestehens jetzt zurückerinnert, verknüpft Nitzanim ein doppelt tragisches Band: den furchtbaren Blutzoll und die furchtbare Kränkung durch die Mitbürger. Muss man den Jubiläumsfeiern da nicht mit gemischten Gefühlen gegenüber-

stehen? »Das Dilemma begleitet uns an allen Nationalfeierta-
gen«, sagt Jardena Eschel. »Wir kommen vom Friedhof zurück,
und dann tanzen alle – und die Freude ist echt. Und nach
50 Jahren, glaube ich, kann man das Andenken an die Gefallenen durch nichts besser bewahren als durch das, was man leis-
tet. Wir haben ein Land, das sich entwickelt und blüht. Insgesamt ist da also ein Gefühl der Befriedigung – wir haben etwas
vollbracht, trotz des hohen Preises.«

## 1967: Der Sechstagekrieg (2007)

»Jeder glaubte damals, Jerusalem bleibt still«, erinnert sich
David Rubinger an die nervenzerfetzenden ersten Junitage
des Jahres 1967, »ich wusste damals noch nicht, wie zentral die
Jerusalem-Frage sein wird.« Siad Abu-Sayad berichtet, dass
man unmittelbar nach Kriegsende noch gar nicht erfassen
konnte, wie nachhaltig die Region sich verändert hatte:
»Niemand hat erwartet, dass diese Besetzung 40 Jahre dauern würde – alle haben erwartet, dass Israel sich nach spätestens sechs Monaten zurückzieht.« Der Israeli Rubinger und
der Palästinenser Abu-Sayad – sie sind beide eng mit der
Stadt Jerusalem verbunden, alt gewordene Zeitzeugen, die
sich nach einer vernünftigen, friedlichen Lösung sehnen,
deren Optimismus aber etwas brüchig geworden ist: »Ich
werde es wahrscheinlich nicht mehr erleben, aber ich hoffe doch, dass man noch zu Sinnen kommen wird«, sagt Rubinger.

1924 in Wien geboren, ist Rubinger einer der prominentes-
ten Pressefotografen Israels. Über Jahrzehnte hat er alle historischen Ereignisse und Persönlichkeiten in der israelischen
Arena aus nächster Nähe »gecovert«. Mitte Mai 1967 ist klar,
dass sich etwas Kolossales zusammenbraut. Die Ägypter haben

im Sinai starke Panzer- und Infanterieverbände zusammen-
gezogen und den Abzug der UNO-Truppen erzwungen. Israel
macht mobil. Der ägyptische Präsident Gamal Abdel Nasser
blockiert die Meerenge von Tiran und kündigt die Vernich-
tung Israels an, internationale Vermittlungsbemühungen
scheitern. Für den noch ungefestigten jüdischen Staat ist es
19 Jahre nach seiner Gründung und 22 Jahre nach Auschwitz
eine angsterfüllte Wartezeit. In der Weltuntergangsstimmung
verschaffen Bürger sich Giftkapseln, um Selbstmord zu bege-
hen, wenn Israel wie befürchtet überrannt wird. »Das Stadion
von Ramat Gan wurde für 40 000 Gräber vorgesehen, man hat
an Zehntausende Gefallene gedacht«, entsinnt sich Rubinger,
der damals im Dienst des »Time Magazine« stand. Bei Kriegs-
ausbruch war er an der ägyptischen Front bei Rafah, aber da
hörte man plötzlich, »dass in Jerusalem etwas passiert«. Trotz
der israelischen Warnungen, sich aus dem Krieg herauszuhal-
ten, hatte Jordaniens König Hussein begonnen, Westjerusalem
zu beschießen, was ihn letztlich Ostjerusalem und das Westjordanland kosten sollte.

Rubinger gelang es, auf einen Militärhubschrauber »aufzu-
springen« und dann am Morgen des 7. Juni sein berühmtestes
Bild zu schießen: Die drei in Ehrfurcht erstarrten Fallschirm-
jäger, die soeben die Klagemauer erreicht haben, waren ihm
gar nicht besonders aufgefallen, sie wurden aber über Israel
hinaus zu einer Art Ikone des Sechstagekrieges. »Vielleicht 15,
20 Minuten, nachdem die Klagemauer erobert wurde, kam ich
da hin. Der Platz zwischen den Häusern und der Mauer war
sehr, sehr schmal, vielleicht drei Meter. Und um ein anständi-
ges Bild zu bekommen, habe ich mich auf den Fußboden
gelegt, damit ich nach oben schießen kann, und mit meiner
Leica habe ich einige Bilder gemacht. Die Euphorie war unglaublich. Ich muss gestehen – als ich das Bild fotografiert
habe, habe ich geweint, und nicht nur ich.«

Siad Abu-Sayad, damals 27 Jahre alt, wartete zu diesem Zeitpunkt am Ostrand von Jerusalem in einer Kirche, in der er mit seiner Familie Unterschlupf gefunden hatte, das Ende der Kämpfe ab. »Ich hatte keinerlei militärische Ausbildung, Palästinenser waren nicht in der jordanischen Armee, weil man ihnen nicht getraut hat«, erzählt der Chefredakteur des »Palestine-Israel Journal« und frühere palästinensische Jerusalem-Minister. Bis zum 5. Juni 1967 hatte Abu-Sayad in der Passabteilung im jordanischen Regierungskomplex in der Saladin-Straße gearbeitet, wo heute das israelische Justizministerium sitzt. »Ich habe das Büro verlassen und nicht begriffen, dass es das letzte Mal war – meine persönlichen Sachen, Dokumente, Bücher sind in den Schubladen geblieben.« Hat der Sechstagekrieg nicht auch den Effekt gehabt, der palästinensischen Sache einen Impuls zu geben? Solange die Jordanier das Westjordanland und die Ägypter den Gasastreifen beherrschten, konnte doch von einem Palästinenserstaat keine Rede sein. »Einerseits hat die israelische Besatzung das palästinensische Nationalbewusstsein vertieft, aber andererseits hat sie die Vereinigung zwischen dem Westjordanland und Jordanien unterbrochen – wir wollen eine arabische Einheit sehen.«

»In Israel gab es Elemente, die siegestrunken waren«, sagt Abu-Sayad im Rückblick. »Sie glaubten, das Land schlucken und durch Siedlungen einen Rückzug verhindern zu können.« Und 40 Jahre danach bekommt er sogar Zweifel an der Zweistaatenlösung, die er so lange gepredigt hat: »Wenn ich auf das Westjordanland schaue und all die Siedlungen sehe, dann frage ich mich: Wo kann der palästinensische Staat existieren? Wenn das noch ein, zwei Jahre so weitergeht, dann wird die einzige Lösung ein gemeinsamer Staat für Palästinenser und Juden sein, und das bedeutet das Ende von Israel als jüdischem Staat.«

Die Euphorie ist indessen auch in Israel längst verflogen. Man feiert zwar jedes Jahr den »Jerusalem-Tag« an jenem hebräischen Datum, an dem 1967 Jerusalem »wiedervereinigt« wurde. Aber nur wenige Israelis wagen sich nach Ostjerusalem, und wenn man einmal glaubte, der Sechstagekrieg habe die Araber endgültig gelehrt, dass Israel militärisch nicht eliminiert werden könnte, so gibt es heute wieder die alten Existenzängste. Was ist in den 40 Jahren schiefgelaufen? »Der erste Fehler liegt, das muss ich leider sagen, bei den Arabern«, meint Rubinger. »Wenn sie damals gesagt hätten: genug, machen wir Frieden, mit den Grenzen von 1967, dann hätten die Leute in Israel auf den Straßen getanzt vor Freude – die Araber wollen heute, was sie damals mit Handkuss bekommen hätten. Aber inzwischen sitzen Zehntausende Juden im Westjordanland, und ich sehe nicht, dass jemand die politische Kraft hätte, sie von dort wegzubringen.« Ein Rest von Zuversicht ist Rubinger aber noch geblieben: »Die denkenden Kräfte in der arabischen Welt haben Israel akzeptiert. Sie haben uns nicht gern, und sie würden gern aus dem Albtraum aufwachen und sehen, dass es kein Israel gibt. Aber das ist genau so, wie die Israelis gerne aufwachen würden und sehen, es gibt keine Araber im Westjordanland. Der Traum ist unerfüllbar.«

# 8

## Das Land der Sirenen oder
## Wie die Gedenktage in Israel begangen werden

Daniela Segenreich

Der Wald ist so schön, hast du das gesehen?
War es hell draußen? War der Wald grün? Im Juli 1941?
Wolltest du weglaufen, als du dort gegangen bist?
Hast du an die Familie gedacht? An den Tod?
Wie hat man dich gefangen genommen! Und wo? Hast du dich
gewehrt?
Hast du gedacht, dass der Weg im Wald lang ist?
Oder hattest du Angst, dass er zu kurz ist?
Und als du dann dort warst, haben sie dich einfach erschossen?
Oder haben sie dir gesagt, du sollst dich ausziehen? Waren dort
Massengräber?
Hast du die Leute gesehen, die vor dir gegangen sind?
Und als die Reihe an dir war, hast du dich da gewehrt? Hast du
etwas gesagt? Hast du geschrien? Geweint?
Und woran dachtest du? Was ging in deinem Kopf vor?

Diese Zeilen sind einem viele Seiten dicken Album entnommen, das meine ältere, damals 16-jährige Tochter Timna nach ihrer Rückkehr aus Polen in doppelter Fassung – eine für jede ihrer Großmütter – zusammengestellt hat. Sie dachte dabei an den Bruder ihrer Oma, der in einem Wald (im damaligen Rumänien) erschossen wurde. Die Polen-Reisen werden von vielen Schulen in Israel durchgeführt und führen die Schüler nach Auschwitz und zu vielen anderen Vernichtungslagern und Orten des Schreckens. Das Erinnern an den Holocaust hat hier noch immer einen sehr hohen Stellenwert.

Doch darüber, wie erinnert werden soll, werden in den letzten Jahren immer mehr Fragen gestellt. Die Generation der Überlebenden wird bald ganz verschwunden sein, und damit wird in Israel die Diskussion immer intensiver, ob der im Jahr 1959 per Gesetz etablierte Holocaust-Gedenktag, der Jom Haschoah, mit den großen Zeremonien und den Sirenen noch seine Berechtigung hat. Dass dieser Gedenktag erst über zehn Jahre nach der Staatsgründung eingeführt worden ist, hat wohl damit zu tun, dass man sich hier am Anfang nicht mit jenen Juden identifizieren wollte, die sich, wie man es damals sah, »wie Schafe zur Schlachtbank« in die Gaskammern hatten führen lassen. Man wollte Stärke demonstrieren und nicht mit den Opfern gleichgesetzt werden. Es brauchte auch im wenige Jahre nach Ende des Zweiten Weltkrieges gegründeten jüdischen Staat erst einige Zeit, bis man bereit war, sich mit der Vergangenheit auseinanderzusetzen.

## Das ganze Land verfällt für eine Minute in einen »tiefen Schlaf«

Heute sind am Jom Haschoah in ganz Israel die Sirenen eine volle Minute lang zu hören. Am Jom Hasikaron, dem Gedenktag für die gefallenen Soldaten, der eine Woche später stattfindet, genau einen Tag vor den Feiern für den israelischen Unabhängigkeitstag, ertönt das Heulen der Sirenen sogar zwei Mal, zu Beginn des Gedenktages am Vorabend und am darauffolgenden Morgen. Es sind nicht die an- und abschwellenden Sirenen wie bei Raketenalarm oder Feuer, sondern ein ähnlicher, jedoch gleichbleibender Ton. Und mit diesem bedrohlichen Heulen hält an diesen Tagen jeweils für 60 Sekunden alles inne, beinahe wie bei jenem tiefen Schlaf, der alle Einwohner des Königreichs im Märchen von Dornröschen mitten in ihrem Tun erstarren lässt. Nur, dass hier alle aufrecht stehen, anstatt wie nach dem Fluch der bösen Fee einzuschlafen. Auf den Straßen halten die Autos an, die Menschen steigen aus, und alle verharren dort, wo sie gerade sind. Volle 60 Sekunden hält das Leben einfach an. Doch die Gedanken laufen weiter, sie gehen zu den Ermordeten der Schoah oder zu den gefallenen Soldaten ... Meine Eltern waren »Überlebende«, und daher ist der Holocaust für mich, als »in der zweiten Generation« Geborene, ein Teil meiner Identität. Doch in den letzten der beinahe 30 Jahre, die ich in diesem Land lebe, geht mir die Trauer um die gefallenen Soldaten, die mir anfangs so fremd waren, beinahe noch näher als jene um meine von den Nazis ermordeten Halbgeschwister, Großeltern, Tanten und Onkel, die ich alle nie kennenlernen durfte. Das hat wohl damit zu tun, dass auch meine Töchter inzwischen in der Armee gewesen sind.

Und ich erinnere mich jedes Mal daran, wie ich meine Ältere, als sie Soldatin war, einmal am Vorabend des Jom Hasikaron vom Bahnhof abgeholt habe. Sie kam aus der Station und ging auf mich zu, und genau in dem Moment, als sie noch etwa fünf Meter von mir entfernt war, gingen die Sirenen los, und so mussten wir – jede an ihrem Platz – still verharren, und ich sah sie an in ihrer grünen Uniform mit den klobigen Armeeschuhen und der schweren Tasche und dachte an die vielen gefallenen Soldaten, von denen die meisten in meinen heutigen Augen noch beinahe Kinder waren.

Schon am Vorabend schließen an diesen beiden Gedenktagen nach und nach alle Geschäfte und Lokale, im Radio gibt es nur mehr bedächtige Musik, und im Fernsehen laufen nur noch Nachrichtensendungen und Dokumentationsfilme über die Toten und ihre Familien. Neben den vielen Zeremonien, die auf Hauptplätzen, in Kibbuzim und Moschavim, in Schulen und bei den Pfadfindern stattfinden, gibt es am Gedenktag für die gefallenen Soldaten seit über zehn Jahren auch eine »alternative« Veranstaltung, die gemeinsam von Angehörigen von Israelis und von Palästinensern, die in diesem Konflikt umgekommen sind, organisiert wird.

Auch zum Holocaust-Gedenktag habe ich viele Erinnerungen. Sie hängen alle mit der Geschichte der Judenvernichtung, wie sie in den hiesigen Kindergärten und Schulen gelehrt wird, zusammen. Die früheste Erinnerung stammt vom Jom Haschoah im Jahr 1997: Ich hole meine knapp fünfjährige Tochter vom Kindergarten ab, und sie fragt: »Mami, wie war das noch mal genau mit diesen Duschen in den Lagern?«

Zwei Jahre später: Meine ältere Tochter ist mittlerweile in der ersten Klasse Grundschule und kommt mir, als ich sie von der Schule abhole, mit einer Zeichnung von einem langen Zug mit vielen Waggons entgegengelaufen. Sie erklärt mir, dass diese Eisenbahn ins Lager gefahren ist, und fragt mit Tränen in den Augen: »Waren du und die Oma auch in so einem

*Am Jom Haschoah hält in Israel das Leben inne*

Zug?« Ich kämpfe selbst mit den Tränen, wir setzen uns vor der Schule auf eine Bank, und ich erkläre ihr, dass Oma wirklich in so einem Zug gewesen ist: »Aber sie hat überlebt, und ich selbst war da noch gar nicht geboren.«

Einige Jahre darauf sitze ich im Amphitheater der Grundschule bei einer Aufführung für die Eltern der Schüler. In der ersten Szene betritt eine Gruppe von Kindern, darunter meine mittlerweile neunjährige ältere Tochter, die Bühne. Sie trägt einen gelben Davidstern auf der Bluse, ein Kopftuch und ein Köfferchen. Ich schlucke, um nicht loszuheulen, und bemerke, wie auch die Mutter neben mir ein Schluchzen unterdrückt. Da höre ich meine siebenjährige Tochter, die neben mir sitzt, sagen: »Mami, ich bin so erschrocken. Einen Moment habe ich schon gedacht, die Timi ist wirklich im Ghetto.«

Wir sind in Israel so bemüht darum, unseren Kindern weiterzugeben, was unserem Volk, unseren Eltern und Großeltern passiert ist. »Niemals vergessen«, lautet das Motto, das uns leitet. Aber werden nicht viele Kinder von dieser eifrigen »Holocaust-Erziehung« erst recht traumatisiert? Die Fahrten nach Polen sind in Israel mittlerweile seit vielen Jahren ein fixer Bestandteil des vorletzten Schuljahres. Die 17-Jährigen werden eine Woche lang von einem ehemaligen Konzentrationslager ins nächste geführt, ins einstige Ghetto von Warschau und in Wälder, in denen man Juden erschossen hat. Wie es ihnen damit geht, wird zu wenig gefragt, der Stundenplan ist zu straff. Ich war stolz, dass meine Kinder an dieser Reise teilnahmen, doch als meine jüngere Tochter nach ihrer Rückkehr wochenlang von Albträumen über Lager, Selektionen und die Hinrichtung unserer Familie geplagt wurde, begann ich mich zu fragen, ob wir da alles richtig machen.

# Die radioaktive Übertragung

Die Psychologin und Psychoanalytikerin Yolanda Gampel hat in Israel über 30 Jahre lang mit Holocaust-Überlebenden sowie mit Kindern und Enkelkindern von Überlebenden gearbeitet und Tausende Interviews mit Betroffenen geführt: »Kinder, die selbst zweite oder dritte Generation sind und vielleicht etwas sensibler, können oft schwerer mit solchen Erlebnissen wie einer Reise nach Auschwitz umgehen. Jeder reagiert anders, aber es gibt natürlich die Übertragung von Generation zu Generation, egal ob über die Vergangenheit geredet oder geschwiegen wird.« Gampel nennt sie »die radioaktive Übertragung«: »Weil sie so stark ist, aber keine Farbe hat, völlig geschmack- und geruchlos ist, aber sehr schädigend. Manchmal treten Symptome, wie Phobien, Ängste, Albträume oder psychosomatische Krankheiten, erst viel später auf, wie Krebs nach einer radioaktiven Verstrahlung, und man weiß zuerst gar nicht, woher sie kommen.« So radioaktiv sei dieses Material, dass sie, als sie noch an der Universität von Tel Aviv Psychologie unterrichtet hat, schwangeren Studentinnen nicht erlaubte, die üblichen Interviews mit Überlebenden zu führen.

Wie geht man aber mit all diesen Lebensgeschichten um? Wie soll man in Israel den Geschichtsunterricht über den Massenmord an den Juden gestalten? Gampel sieht das sehr differenziert und meint, es gäbe zwar schon sehr viel Forschung zu diesem Thema, doch müsste man da auf jeden Fall einiges neu überdenken: »Nur wer in Auschwitz gewesen ist, kann wirklich fühlen, was da geschehen ist, verstehen kann man es ja gar nicht. Ich würde mich vor so einer Polen-Reise mit Schülern und ihren Eltern zusammensetzen und überprüfen, warum sie fahren wollen oder warum die Eltern wollen, dass ihre Kinder zu den Lagern fahren, denn oft leben die

Eltern durch ihre Kinder, oft schicken sie ihre Kinder auf so eine Reise, ohne je selbst ein Lager gesehen zu haben.«

Das stimmt auch in meinem Fall, denke ich schuldbewusst und rufe meine Kinder und ihre Freunde zu einem Gespräch. Ich will wissen, ob sie eigentlich irgendjemand gefragt hat, was sie dazu wirklich fühlen und ob sie wirklich mitfahren wollten, ob sie sich stark genug für so eine Reise gefühlt haben. Die Antwort ist einstimmig: »Wir wollten fahren, wir empfinden diese Reise als Sieg über die Nazis, wir wären doch nicht zu Hause geblieben!« Was davon freier Wille und was der unbewusste Auftrag der Eltern und Großeltern ist, werden wir wohl nie genau wissen. Bleibt zu hoffen, dass wir sie alle nicht zu sehr »verstrahlt« haben. Was die Sirenen betrifft, so werden sie uns wohl noch für einige Zeit an jedem Gedenktag mitten ins Herz dringen.

# 9

## Töchter in der Armee

Daniela Segenreich

*Die Armee ist die größte Erziehungsanstalt in Israel.*
DAVID BEN-GURION, ERSTER PREMIERMINISTER ISRAELS

Die israelische Armee wird gehasst und bewundert, verteufelt und kopiert. Sie hat sich unumstritten einen Namen gemacht. Als ich nach Israel kam, war ich anfangs irritiert von der Wichtigkeit und Präsenz der Armee in diesem Land. Der jährliche Gedenktag für die gefallenen Soldaten und die unendlich vielen Dokumentarfilme über die Toten und ihre trauernden Familien, die rund um dieses Datum sowie auch an den Jahrestagen der einschneidenden Kriege im Fernsehen ausgestrahlt wurden, wirkten auf mich bedrohlich und fremd.

Damals, vor beinahe 30 Jahren, war es den Soldaten noch erlaubt, auf dem Weg zu ihrer Basis oder auf dem Heimweg Autostopp zu machen, und ich sah sie beinahe täglich auf den Straßen und nahm auch immer wieder einmal einen jungen Mann in Uniform mit. Inzwischen ist es im Militär strengstens verboten, per Anhalter zu fahren, weil es dabei immer wieder zu Entführungen durch Terrororganisationen gekommen ist.

Daran, dass meine eigenen Kinder einmal in dieser Armee würden dienen müssen, dachte ich damals noch nicht. Aber natürlich war es unumgänglich, auch für unsere Töchter, denn schon seit Gründung des Staates ist der Militärdienst in Israel für Frauen genauso verpflichtend wie für Männer. Das hat noch Israels Gründervater David Ben-Gurion so bestimmt:

Alle, außer die Strenggläubigen und die israelischen Araber, müssen den Militärdienst absolvieren, Männer für drei und Frauen für zwei Jahre, damit sie, so plante es Ben-Gurion, auch noch Zeit hätten, zu heiraten und Kinder auf die Welt zu bringen. (Im Jahr 2016 wurde im Sinne der Geschlechtergleichheit die Militärzeit der Männer um vier Monate verkürzt.)

## Frauen in der Armee

Während nach der Staatsgründung der Einsatz von Frauen im Feindesland nicht gewünscht war, hatten die Soldatinnen des Palmach zu Anfang noch die Möglichkeit, überall mitzukämpfen, wo »Not am Mann« war. Der Palmach war der legendäre Elitekern der Hagana, der Vorläuferin der israelischen Armee, dem im »Beit HaPalmach«-Museum ein würdiges Denkmal gesetzt worden ist. Und da ich mehr über die Rolle der Frauen zur Zeit des Palmach erfahren will, rufe ich dort an. »Haloooooooo'ou?!«, meldet sich Rivkale schwungvoll. Sie ist eine ehemalige Palmach-Soldatin, die als Pensionistin drei Tage in der Woche im Büro des Museums volontiert. Ich will wissen, ob sie mir helfen kann, ehemalige Palmach-Kämpferinnen zu kontaktieren. »Da muss ich nachdenken, es sind ja leider schon beinahe alle von uns gegangen«, seufzt sie. »Ich selbst bin zwar noch gut in Schuss und noch immer die Aufgeweckteste von allen, aber ich war nur in der Einheit für Unterhaltung. Wir sind mit unserer Truppe auf Lastwagen durchs Land gezogen, um die Soldaten aufzuheitern. Kämpferin war ich keine.«

Schließlich gibt sie mir die Nummer von Ditta Perach, die in den 1940er-Jahren vom Palmach zur Pilotin ausgebildet wurde und bis heute in Degania, dem ältesten Kibbuz im Land, lebt: »Das war noch ganz am Anfang der israelischen Luftwaffe«, erzählt mir die mittlerweile 93 Jahre alte Dame, als ich sie nach vielen Versuchen endlich erreiche: »Mein Vater hat mitgeholfen, die ersten Flugzeuge ins Land zu bringen und die ersten Piloten auszubilden. Und dann, als ich als ganz junges Mädchen im Palmach engagiert war, wurde auch in unserer Einheit gefragt, wer den Flugschein machen will, und da habe ich natürlich sofort Ja gesagt. Ich kannte ja alle Ausbildner noch von zu Hause.« Damit war Ditta Perach 1943 die einzige Pilotin des Palmachs. Doch zwei Jahre später heiratete sie und wurde kurz darauf Mutter, und damit war ihre Flugkarriere zu Ende. Wäre sie in ihrer Einheit geblieben, so wäre sie auch im Kriegsfall eingesetzt worden. »So war das eben im Palmach«, sagt sie heute dazu, »Frauen und Männer waren völlig gleichgestellt, in der Armee genauso wie auch im Kibbuz.«

Später, nach der Staatsgründung, waren Frauen vom Fliegen und von vielen anderen Positionen in der Armee ausgeschlossen. Man wollte sie möglichst in Sicherheit wissen und nicht in Kampfgebieten oder im Feindesland. Diese Politik wurde inzwischen im Sinne der Gleichberechtigung geändert. Außerdem hat die Armee in den letzten Jahren immer mehr Einheiten für Soldatinnen geöffnet, sodass ihnen viele Möglichkeiten offenstehen. Sie können heute Pilotinnen und Navigatorinnen werden oder in speziellen Kampfbataillonen dienen. Dort ist der Prozentsatz von Frauen zwar noch immer verschwindend klein, steigt aber jährlich steil an.

Mit der vermehrten Verantwortung vergrößerte sich auch das Risiko für die Soldatinnen. So war Feldwebel Keren Tendler die erste Frau, die zur Helikopter-Flugmechanikerin ausgebildet wurde, und die erste Frau, die 2006 im zweiten Libanonkrieg »in Aktion« getötet wurde. Der Yasour-Helikopter mit Tendler und noch vier weiteren Soldaten wurde am 11. August von einer Rakete der Hisbollah über dem Libanon abgeschossen. Ihr Kommandant wollte sie ursprünglich nicht an dem Einsatz teilnehmen lassen, doch Tendler hatte darauf bestanden, genau wie ihre männlichen Kollegen bei Flügen jenseits der Grenze mitfliegen zu dürfen. Ihre Leiche wurde am folgenden Tag in einer riskanten Großaktion geborgen und nach Israel zurückgebracht. Insgesamt sind laut einer Statistik der Armee von 1962 bis 2016 über 500 Soldatinnen gefallen, viele von ihnen »in action«, also bei Kampfhandlungen.

Wir waren somit recht zufrieden damit, dass unsere Töchter keine Kampfeinheit wählten. Eine von ihnen diente im Büro des Pressesprechers, die andere war Ausbildnerin und später Kommandantin für Rekrutinnen. Der »Gijus«, also die Rekrutierung, ist ein einschneidender Tag im Leben der jungen Israelis und ihrer Familien. Oft kommen neben den Eltern und Geschwistern auch viele Freunde mit zum sogenannten »Bakum«, der Sammelstelle für die Rekruten. Sie nehmen sich frei oder opfern, wenn sie selbst schon in der Armee sind, einen ihrer kostbaren Urlaubstage. All das nur, um mit den zukünftigen Soldaten zu warten, bis er oder sie aufgerufen wird, in die Busse zu steigen, die sie zu ihrer Basis bringen, und ihnen dann noch nachwinken zu können.

In Israel nehmen die Eltern in Schulen und Kindergärten viel Einfluss und sind sehr involviert. Aber wenn die »Kinder« dann eingezogen werden, beginnt »der Ernst des Lebens«, dann gehören diese jungen Menschen mit Haut und Haar der Armee. Man kann nie wissen, ob und wann sie ein freies Wochenende bekommen, oder ob sie zu den hohen Feiertagen nach Hause dürfen. Und man kann im Fall einer Krankheit oder Verletzung auch den Arzt nicht mehr selbst bestimmen, weil ausschließlich die Armeeärzte für die Soldaten zuständig sind. Die sind aber meist überlastet, und so wartet man oft stundenlang, bis man endlich an der Reihe ist und eine dringend nötige Behandlung oder aber eine Freistellung für den nächsten Tag erhält. Ohne diese Freistellung muss man – egal

*Frauen in der israelischen Armee*

in welchem Zustand – zurück auf die Basis. All das war für mich als »Mutter-Glucke«, aber auch als verwöhnte Wienerin neu und gewöhnungsbedürftig.

Nach der Grundausbildung, die zwischen drei und sechs Monaten dauert, bei speziellen Einheiten aber auch länger sein kann, wird meist alles etwas entspannter, und wenn nicht gerade Krieg ist, beginnt dann eine gewisse Routine. Ich wurde von unseren beiden Töchtern jeweils nach Abschluss der Ausbildung dazu vergattert, sofort mit ihnen zur Schneiderin zu fahren, um die Uniformen enger und schicker machen zu lassen. Die Hosen mussten unbedingt anliegender sein und der Mode angepasst werden, die Oberteile wurden tailliert. Man will schließlich auch in der Armee gut aussehen … Das ist interessanterweise erlaubt oder wird doch wenigstens toleriert. Aber natürlich müssen lange Haare immer zusammengebunden werden, farbiger Nagellack und Piercings sind verboten.

**141**

## Operation »Mächtiger Felsen«

Genau ein Jahr nachdem Noa, unsere Jüngere, mit 18 einge-
rückt war, begann im Jahr 2014 der Gasakrieg. Auslöser war
die Ermordung von drei israelischen Jugendlichen aus dem
Westjordanland durch die radikalislamische Hamas-Organi-
sation. Die drei waren, wie sich später herausstellte, beim
Autostoppen auf dem Nachhauseweg von der Schule entführt
worden. Die israelische Armee führte rigorose Suchaktionen
durch und nahm Verdächtige fest. Die Hamas schoss daraufhin vermehrt Raketen über die Südgrenze nach Israel, die
Situation eskalierte, und es kam zum Krieg.

Noa musste nun an vielen Wochenenden auf der Basis bleiben, und wenn sie schließlich Wochenendurlaub erhielt und
nach Hause kommen konnte, dann sorgte ich mich mehr als
gewöhnlich um ihre Sicherheit auf dem Weg, vor allem auf den
von Soldaten überfüllten Bahnstationen. Nach beinahe jedem
Raketenalarm, den wir im Zentrum hatten, oder auch wenn
ich von Raketenangriffen im Süden hörte, versuchte ich per
WhatsApp kurz Kontakt mit unseren Mädchen aufzunehmen,
um sicher zu sein, dass ihnen nichts passiert war. Manchmal
kamen sie uns zuvor und schrieben ihrerseits oder riefen an, um
zu prüfen, ob mit uns alles in Ordnung sei – eine beruhigende,
wenn auch trügerische Gewohnheit, denn nicht immer sind alle
gleich zu erreichen. Und was tun, wenn keine Antwort kommt …?

»Als dann Raketeneinschläge plötzlich auch in der Gegend
von unserem Haus gemeldet wurden, habe ich verstanden, dass
der Krieg überall war, dass es keinen sicheren Ort mehr gab«,
gestand mir Noa einmal viele Monate später. Während sie noch
in der Armee war, hatte sie die Gefahren, in denen sie sich
manchmal befand, ihre Ängste und Schwernisse herun-
tergespielt und versucht, mir das Gefühl zu geben, es sei ohnehin alles in Ordnung. Erst nach dem Krieg erzählte sie davon,

dass sie mit einer Gruppe von Soldaten einmal beinahe von einer Rakete getroffen worden wäre, und sprach über die Gedanken, die ihr in diesen Sekunden durch den Kopf gingen, wie sie blitzschnell überlegte, wen sie noch rasch mit zu Boden reißen und vielleicht mit ihrem Körper schützen könnte. Glücklicherweise wurde die Rakete anscheinend noch im letzten Moment vom Abwehrsystem »Eiserne Kuppel« abgefangen.

Im letzten Jahr ihres Armeedienstes ließ sich Noa zur Kommandantin ausbilden. Damit hatte sie nicht nur die Aufgabe, »gute Soldatinnen« aus ihren Rekrutinnen zu machen, sondern sie war auch für deren physische und psychische Sicherheit bei Übungen oder Angriffen verantwortlich, und auch dafür, dass »ihre Mädchen« genügend Schlaf bekamen und sich gut ernährten. Es gab immer wieder Alarm in der Basis, weil vermutet wurde, dass ein Fremder, möglicherweise ein Terrorist, in das Gelände eingedrungen war. In so einem Fall wurde alles abgeriegelt, und meine »kleine Tochter« sorgte mit ihren mittlerweile 19 Jahren dafür, dass die 18 um nur ein Jahr jüngeren Mädchen, die unter ihrem Kommando standen, sich sicher und beschützt fühlten.

Während des Krieges wurden in der Basis viele Aktivitäten eingestellt, und Noa hatte mehr freie Stunden als gewöhnlich: »Da habe ich dann immer auf die Nachrichten über die Gefallenen gewartet, und dann wurden die Listen mit den Namen freigegeben – wieder zehn Tote –, und ich habe schnell auf meinem Handy den Bildschirm hinuntergescrollt und war erleichtert, wenn niemand dabei war, den ich kannte. Aber dann kam oft plötzlich ein Schluchzen oder ein Aufschrei von jemandem neben mir, weil sie oder er gerade erfahren hat, dass ein guter Freund umgekommen ist. Es ging ja genau um uns, um unsere Altersgruppe, es hätte jeden von uns treffen können ...«

Als einer der Ersten, kurz nach Beginn des Krieges im Juni 2014, wurde Eitan Barak, ein 20-jähriger Soldat aus unserer Nachbarschaft, im Gasastreifen getötet. Noa und alle ihre Kameraden aus der Schule hatten ihn natürlich gut gekannt. »Mir wurde damals schrecklich schlecht, als ich es erfahren habe. Er war kein naher Freund, aber ich habe ihn in der Schule oft gesehen und auch beim Basketball-Spiel bewundert«, erinnert sich Noa. Damit war der Krieg um noch ein Stückchen näher gerückt, und ich fragte mich, warum meine Kinder in so jungen Jahren solche Erlebnisse haben mussten und wie sie wohl in Österreich aufgewachsen wären ...

Gleichzeitig war ich vor allem in solchen Zeiten froh, Töchter zu haben und keine Söhne, denn männliche Soldaten mussten immer wieder im feindlichen Gasastreifen operieren oder in den oft mit Sprengstofffallen bestückten unterirdischen Tunnels, welche die Hamas schon lange vor dem Krieg angelegt hatte, um so israelisches Territorium zu infiltrieren. Bevor die israelischen Soldaten in so einem Fall die Grenze überschreiten oder zu einer gefährlichen Aktion aufbrechen, müssen sie ihre Handys in der Basis lassen, und ihre Angehörigen hören dann oft tagelang nichts von ihnen. Das bedeutet also viele Stunden zittern und bangen, bis dann im besten Fall der erlösende Anruf kommt, der bestätigt, dass der geliebte Sohn, Bruder oder Ehemann wieder in Sicherheit ist.

Der Moment, der von allen Familien am meisten gefürchtet wird, ist jener, in dem es an der Tür läutet und zwei uniformierte Boten der Armee die Angehörigen darüber informieren, dass »ihr Soldat« getötet worden sei oder als vermisst gilt. Vize-Leutnant Warda Pomeranz war über viele Jahre für diese Benachrichtigungen zuständig und kümmerte sich auch weiter um die Hinterbliebenen sowie auch um die verwundeten Soldaten – bis zu jenem Tag, der ihr alle Energie raubte: »Ich habe immer gewusst, dass es eines Tages auch mich treffen würde«, sagt sie am 14. Juli 2014 schluchzend am Grab ihres jüngsten Sohnes Daniel. Und sie erzählt, wie sie das letzte Telefongespräch mit

Daniel ohne sein Wissen aufgenommen hat, fühlend, dass es das letzte sein würde. Tausende Menschen erweisen dem 20-jährigen Panzer-Soldaten die letzte Ehre und hören betroffen zum letzten Mal seine Stimme. In dieser Aufnahme, die nun am Friedhof über Lautsprecher übertragen wird, spricht er davon, dass er in seinem Mobiltelefon eine Nachricht an seine Familie hinterlassen hat, die nur geöffnet werden soll, wenn er nicht von der Militäraktion zurückkehrt. Am 13. Tag des Krieges werden er und sieben weitere junge Soldaten in ihren nicht mehr zeitgemäßen Panzerfahrzeugen von Anti-Tank-Raketen getötet. An Daniels Grab liest seine Mutter den Trauergästen jene Worte vor, die er hinterlassen hat: »Meine geliebte Familie, wenn ihr diese Zeilen lest, bedeutet das, dass alles aus ist … Aber was auch immer geschieht, ich habe ehrenvoll gekämpft, und ich bin glücklich. – Ich möchte, dass ihr wisst, dass ich glücklich war … Sagt meinen Soldaten, dass ich sie liebe.«

Insgesamt 64 Mal hat es in jenem Sommer in diesem Zusammenhang bei der Familie eines Soldaten an der Tür geläutet. Und mit diesem Läuten war das Leben dieser Familie für immer zerstört. Über 4000 Raketen wurden in jenen sieben Wochen von der Hamas auf Israel abgeschossen, davon wurden über 700 Raketen über israelischen Städten vom Iron-Dome-System abgefangen, die meisten anderen gingen in menschenleeren Gebieten nieder. Im Gasastreifen selbst gab es nach Angaben der Hamas insgesamt über 2000 Tote. Dass in Israel nur wenige tote Zivilisten zu beklagen waren, ist Israels Raketenabwehrsystem zu verdanken und vielleicht auch der Tatsache, dass hier beinahe alle privaten und öffentlichen Häuser Schutzbunker haben.

In südlichen Gemeinden und in Städten wie Aschkelon, Aschdod oder auch Beerscheva gab es unzählige Male am Tag Alarm, und die Menschen hatten oft nur wenige Sekunden Zeit, um in die Schutzräume zu laufen. Im Raum von Tel Aviv hatten wir nur einige Male pro Tag Raketenalarm und luxuriöse eineinhalb Minuten, um uns in Sicherheit zu bringen. Nicht immer reichte es, um in einen Schutzraum zu gelangen, manchmal flüchtete ich von der Straße in fremde Stiegenhäuser oder presste mich einfach an eine Häuserwand, um nicht von herabfallenden Raketenteilen getroffen zu werden. Einmal auf der Küstenstraße nach Tel Aviv fand ich mich plötzlich mit vielen anderen Autofahrern in einen Straßengraben geduckt, weil es hieß, man sollte bei Alarm auf keinen Fall im Fahrzeug bleiben.

Als wir gegen Ende dieses Krieges schließlich für einen verkürzten und verspäteten Urlaub nach Österreich fuhren, hatte ich mitten auf der idyllischen Bahnstrecke zum Semmering einen regelrechten Zusammenbruch, weil Ben vergessen hatte, die Handy-Applikation mit dem Raketenalarm leise zu stellen. Und so holten mich die verhassten Alarmzeichen mit dem Codewort »Zewa Adom« – »Farbe Rot«, die in die pastorale Ruhe der Voralpen hineindrangen, plötzlich wieder in den Kriegsstress zurück, der angesichts der grünen Wälder und der Blumenwiesen plötzlich noch viel unglaublicher und grauenvoller war. Ich möchte auch hier wieder betonen, dass unser Leben im Allgemeinen ruhig und im Vergleich zu den vielen Kriegsschauplätzen auf der Welt sehr privilegiert abläuft. Dennoch brachte auch dieser Krieg viele Belastungen und Ängste mit sich, die mir erst danach – im sicheren Österreich – so richtig bewusst geworden sind.

## Erziehungsanstalt und Schmelztiegel

Was die israelische Armee betrifft, so wäre es natürlich am besten, wenn wir sie gar nicht brauchten oder wenn wir mit einer Armee nach schweizerischem Vorbild auskommen könnten.

Dennoch kann ich nach vielen anfänglichen Sorgen und Ängsten das eingangs erwähnte Credo Ben-Gurions nur bestätigen. Die Armee ist in gewisser Weise eine Erziehungsanstalt, und sie ist ein Schmelztiegel, der die vielen unterschiedlichen Bevölkerungsgruppen, die verschiedenen Kulturen, Religionen und sozialen Schichten zusammenschweißt. »Man lernt hier im Armeedienst, mit allen auszukommen, und hat plötzlich Freunde aus einem ganz anderen Umfeld, das man sonst nie kennengelernt hätte«, erklärte mir einmal ein junger Mann, den ich aufgrund seiner österreichischen Wurzeln interviewt habe.

Nicht alle jungen Israelis können von der Armee profitieren, aber oft ist der halbwegs erfolgreich absolvierte Dienst ein Eintrittsticket in die Gesellschaft. Sehr begabte Schüler können eine komplette akademische Ausbildung erhalten, wenn sie bereit sind, sich und ihr Wissen dem Militär dann für einen gewissen Zeitraum zur Verfügung zu stellen. Und die Aufnahme in eine wichtige Einheit öffnet oft Türen zum späteren beruflichen Erfolg. Darüber hinaus ermöglicht die Armee in Israel vielen jungen Menschen aus sozioökonomisch schwachen Schichten eine erfolgreiche Integration in die Arbeitswelt und ebnet ihnen, wenn sie imstande sind, sich in dem strengen Rahmen zurechtzufinden, den Weg in eine selbstständige Zukunft. Sie bekommen eine zweite Chance, fehlende Schuljahre und ihre Maturaprüfungen nachzuholen, und können in der Armeezeit sogar einen Beruf erlernen.

Auch unsere Töchter sind mit Sicherheit beide anders aus ihrem Militärdienst herausgekommen, als sie hineingegangen sind: erwachsener, verantwortungsbewusster, ernster. »Wenn irgendetwas passiert und du bist in Uniform, dann bist du für die Zivilisten um dich herum verantwortlich, dann musst du alles nur Mögliche tun, um zu helfen«, erklärte mir meine ältere Tochter einmal. Eine große Aufgabe für so einen jungen Menschen, eine Aufgabe, an der man wächst.

# 10

## »Die Araber«

Daniela Segenreich

Natürlich war mir, als ich nach Israel einwanderte, bewusst, dass es hier einen Konflikt gab und dass nicht nur das jüdische Volk Anspruch auf dieses Land erhob. Das war rein theoretisch klar. Praktisch hatte ich in meiner ersten Zeit hier – wie viele Israelis – so gut wie keinen Kontakt zu israelischen Arabern oder, wie sie sich heute bezeichnen, zu israelischen Palästinensern. Ich konnte also, wie schon die ersten jüdischen Einwanderer am Anfang des vorigen Jahrhunderts, die arabischen Einwohner des Landes einfach übersehen.

Als wir das alte Häuschen, das wir nördlich von Tel Aviv erstanden hatten, renovieren ließen, wurden die Arbeiten von palästinensischen Handwerkern aus Gasa durchgeführt. Der Gasastreifen war zu der Zeit noch kein palästinensisches Autonomiegebiet, sondern »besetztes Gebiet«, und in den Jahren davor hatten noch täglich 120 000 palästinensische Arbeiter die »Grüne Linie« überquert, um in Israel zu arbeiten. Das waren zu der Zeit ein Drittel der arbeitsfähigen Männer aus dem Gasastreifen und dem Westjordanland. Es war die Zeit der ersten Intifada, bei der es in Israel immer wieder zu Messerattentaten und auch zu Bombenanschlägen kam. Deswegen wurden die offiziellen Arbeitsgenehmigungen für Palästinenser aus »den Gebieten« graduell eingeschränkt. Dennoch kamen auch Anfang der 1990er-Jahre täglich noch immer Zehntausende Arbeiter mehr oder weniger offiziell über die unsichtbare Grenze und waren froh, abends einen Tageslohn nach Hause bringen zu können. Wir hatten monatelang dasselbe Team im Haus, das hier gekonnt Böden und Badezimmerfliesen verlegte. Jeden Nachmittag gegen 15 Uhr wurden die jungen Handwerker, von denen einer ein bebrillter Student war, vom Baumeister abgeholt und zurück zum Übergang in den Gasastreifen gebracht. Fadi, der etwas ältere Vorarbeiter, übernachtete in Israel. Ich war beinahe täglich auf der Baustelle, und wir sprachen und scherzten viel, doch Politik wurde wohlweislich bei unseren Gesprächen ausgespart. Später haben wir das Gerücht gehört, dass der bebrillte Student von Bombensplittern verletzt worden sein soll, wir erfuhren jedoch nichts Genaueres darüber.

Mein erstes Treffen mit einem Araber aus Israel selbst war mit Samir, unserem Gärtner. Er war hilfsbereit und humorvoll, beinahe ein Freund, und wohnte in der Nähe von Um-el-Fahm im Norden, im sogenannten »Dreieck«, das die höchste Dichte an arabischen Städten und Dörfern in Israel aufweist. Samir kam mehrmals die Woche ins Zentrum, um hier Gartenarbeiten zu verrichten. Ich fragte ihn nach seinem Heimatort, nach seinem Haus und seiner Familie. Und mich selbst fragte ich bei unseren harmlosen Gesprächen oft im Stillen, ob ich ihm und seiner Familie mit meiner Einwanderung nach Israel etwas weggenommen hätte. Er schien sich hier in allem, was Klima, Land und Vegetation betraf, so gut auszukennen. Es war eindeutig auch sein Land, aber war es deswegen weniger meines?

## Anwesende Abwesende

»Anwesende Abwesende« hat der israelische Schriftsteller David Grossman Israels arabische Minderheit in seinem gleichnamigen Buch genannt. Er wandte diesen Ausdruck aus

**149**

dem alten juristischen Vokabular des jungen Staates an, um damit metaphorisch die gegenwärtige Situation dieser Einwohner Israels zu beschreiben: Sie sind präsent, stellen sie doch in etwa ein Fünftel der Gesamtbevölkerung Israels, und sie sind oft völlig abwesend im täglichen Leben und Denken vieler jüdischer Israelis. »Wenn ich über all die guten Gründe nachdenke, die ich hätte, sollte ich euch hassen. Aber ich bin nicht fähig, zu hassen. Ich bin in eurer Kultur aufgewachsen. Ich habe eine gewisse Erziehung von euch erhalten, das Hassen ist mir nicht mehr möglich«, zitiert Grossman den Araber Dr. Nazir Junes aus dem im Nordosten Israels liegenden Ort Kafr Karah. Das Städtchen zählt knapp 18 000 Einwohner und soll die höchste Konzentration an Akademikern, speziell an Ärzten, im Land haben.

Vor den ersten Parlamentswahlen, die ich hier Anfang der 1990er-Jahre als Journalistin miterlebte, besuchte ich Ali Jechije, ebenfalls einen »israelischen Araber« aus Kafr Karah, für ein Interview. Ich traf in meinem Gastgeber einen warmherzigen, gastfreundlichen und humorvollen Menschen, der mich herzlich auf der Terrasse seines Häuschens empfing, in dem er mit seiner Frau und seinen fünf Kindern lebte. Jechije war auch als wunderbarer Pädagoge bekannt und zu der Zeit Vizedirektor im Ulpan Akiva, der größten und ältesten Sprachschule Israels. Bei ihm hatten noch Staatsgrößen, wie der damalige Außenminister Mosche Arens und Staatspräsident Eser Weizman, Arabisch gelernt. Und wenn er israelische Offiziere in die arabische Sprache und Kultur einweihte, dann lud er sie meist dazu ein, in seinem Haus zu übernachten, damit sie »die Atmosphäre schnuppern« konnten.

Ali Jechijes Familie gehörte zu den etwa 150 000 Arabern, die nach der Staatsgründung 1948 im Land geblieben waren und die israelische Staatsbürgerschaft angenommen hatten. Sie wurden damit zu »israelischen Arabern« und – zumindest im

Prinzip – zu gleichberechtigten Bürgern Israels. Einige wenige von ihnen volontieren sogar in der israelischen Armee. Etwa 600 000 Araber aus dem ehemaligen britischen Mandatsgebiet Palästina sind im Verlauf des israelisch-arabischen Krieges von 1948, der gleich nach dem Abzug der Briten ausbrach, geflohen und wurden damit zu »Palästinensern« – ein Ausdruck, der zu jener Zeit noch nicht verwendet wurde. (Ministerpräsidentin Golda Meir und die meisten israelischen Politiker ihrer Zeit haben ihn übrigens auch später niemals benutzt.) Viele dieser Palästinenser leben heute im palästinensischen Autonomiegebiet, in Jordanien und in westlichen Staaten. Nach dem Sechstagekrieg im Jahr 1967 gehörte dann auch Ostjerusalem zu Israel. Die meisten dort ansässigen Araber haben damals aus Protest die israelische Staatsbürgerschaft abgelehnt und leben bis heute in einem Sonderstatus, weshalb sie nur bei Kommunalwahlen wahlberechtigt sind. Insgesamt sind in Israel etwa 20 Prozent der Gesamtbevölkerung Araber. Sie können damit einen nicht unerheblichen Einfluss auf die Wahlen im Land nehmen, den sie aber noch immer nicht voll nutzen.

Jechije war ein überzeugter Befürworter von Koexistenz, Gleichheit und Zusammenarbeit zwischen Israels arabischen und jüdischen Bürgern und stolz darauf, dass ihm 1986 als erstem Araber die Ehre zuteilgeworden war, bei der Zeremonie anlässlich des israelischen Unabhängigkeitstages eine Fackel zu entzünden. Und er war auch stolz auf seine über 22 Jahre währende Lehrtätigkeit im Ulpan Akiva, für die er gemeinsam mit dem restlichen Team den Israel-Preis erhielt. Später sollte er der erste arabische Botschafter Israels werden und vertrat den »jüdischen Staat« zuerst in Finnland und danach in Griechenland.

Adib, Ali Jechijes Vater, war nach der Staatsgründung in Kafr Karah geblieben, wo seine Familie schon seit Generationen lebte, »weil ihm sein Haus und seine Bäume wichtiger waren als die Politik«. Und Ali war froh darüber. Er ging als einer der Ersten im Dorf aufs Gymnasium und studierte an der Hebräischen Universität in Jerusalem arabische Literatur. Das Dorf bekam Fließwasser und wurde an das israelische Elektrizitätsnetz angeschlossen. Der Lebensstandard der Bevölkerung stieg.

## Zwischen Hammer und Amboss

»Wir sind während aller Kriege loyal zu Israel gestanden«, sagte mir Jechije damals. Aber er erklärte auch, wie schwierig es für Israels Araber war, mit ihrer doppelten Identität zurechtzukommen – als Minorität im jüdischen Staat, die gleichzeitig der arabischen Mehrheit im Nahen Osten angehörte: »Wir sehen die Probleme unserer Freunde und Verwandten in den ›Gebieten‹, aber auch der getötete israelische Soldat kann der Sohn eines Freundes sein. Wir befinden uns gewissermaßen zwischen Hammer und Amboss.«

Diese Stellung zwischen zwei Identitäten wurde für Israels Araber mit den Jahren immer schwieriger und verschärfte sich bei jeder Krise, in der sich Argwohn und Angst auf beiden Seiten breitmachten. So wurde bei der letzten »Messer-Intifada« in den Augen vieler jüdischer Israelis jeder Araber automatisch zum »verdächtigen Subjekt«, zu einem potenziellen Angreifer, der jederzeit mit dem Messer auf einen losgehen konnte, während wiederum die Araber Angst hatten, bei einer falschen Bewegung als Attentäter verdächtigt und angeschossen zu werden. Dennoch sind Anschläge von Arabern aus Israel noch immer selten, während die Zahlen jener, die sich für Organisationen wie ISIS oder El Kaida interessieren, sowohl bei den israelischen Palästinensern als auch bei den Palästinensern aus den Autonomiegebieten steigen.

Ali Jechije, der leider 2014 verstorben ist, sah schon vor beinahe 30 Jahren, dass nur »eine Lösung des ›Palästinenserproblems‹, sei es durch Autonomie, eine Föderation mit Jordanien oder einen eigenen Staat«, Israels Araber aus ihrem Gewissenskonflikt befreien könnte. Und beinahe hätte es ja auch geklappt, aber eben nur beinahe.

## Der Traum von »Gasa und Jericho zuerst«

Nach unendlich vielen feurigen Diskussionen und Theorien zur Lösung des »Palästinenserproblems« bei fast jedem Zusammentreffen mit Freunden und Bekannten war ich umso euphorischer, als der Friedensplan unter dem Motto »Jericho und Gasa zuerst« bekannt wurde. Die ersten Verhandlungen waren – zum Teil mithilfe eines österreichischen Vermittlers – im Geheimen abgelaufen. Es ging darum, dass als Übergangslösung zuerst in einem Teil des Gasastreifens und in Jericho eine Palästinensische Autonomie etabliert werden sollte, mit eigener Regierung und Verwaltung sowie einem eigenen Flughafen.

Die sensationelle Nachricht, dass ein »Friedensvertrag« mit dem damaligen Palästinenserführer im Exil, Jassir Arafat, unterschrieben werden sollte, holte uns 1993 bei einem Kurzurlaub in Frankreich ein. »Tut mir leid, dass ich Sie erreicht habe«, entschuldigte sich die Sekretärin der ORF-Auslandsredaktion bei meinem Mann, als sie ihn zwei Tage nach unserer Ankunft in Paris über das Hoteltelefon erwischte. (Handy hatten wir damals noch keines dabei.) Und so ging es, anstatt wie geplant weiter zu den Loire-Schlössern, schnurstracks zurück nach Tel Aviv, denn Ben musste natürlich über die Unterzeichnung dieses Abkommens und seine möglichen Auswirkungen berichten.

Und die Auswirkungen beflügelten die Fantasie – der Flughafen in Gasa sollte so schnell wie möglich eröffnet und Wirtschaftsabkommen mit der Europäischen Union sollten abgeschlossen werden. Man konnte von offenen Grenzen und von einem »Neuen Nahen Osten« träumen ... Der Vertrag zwischen Arafat, dem Chef der PLO, und Jizchak Rabin, dem damaligen israelischen Premierminister, wurde unterzeichnet, und 1994 hielt Arafat, bejubelt von seinen Landsleuten, nach 27 Jahren Exil in Beirut und Tunis, seinen pompösen Einzug in die Hauptstadt des Gasastreifens.

Ich selbst war, nachdem ich nur selten aktuelle politische Berichte schrieb, in den folgenden Jahren nur zwei Mal in Gasa. Als ich drei Jahre, nachdem Arafat die Präsidentschaft übernommen hatte, für eine Reportage hinfuhr, fand ich wirtschaftlichen Aufschwung vor, in einigen elitären Vierteln sogar Luxus. Gleichzeitig war die Bevölkerung enttäuscht von Arafats Vetternwirtschaft und der Korruption in der eigenen Verwaltung. Man klagte über die Monopole, die von Protegés Arafats geführt wurden und die alle großen Aufträge an sich rissen und der Elite schnelles Geld brachten. Viele Hunderte Millionen an Fördergeldern für die Palästinensische Autonomiebehörde sollen zwischen 1995 und 2000 »verschwunden« sein, wobei allein Arafat und »enge Vertraute« für die Verwendung des Geldes befugt gewesen sein sollen.

Die rege Bautätigkeit veränderte die Skyline des Küstenstreifens von Gasa. Hochhäuser sprossen wie die Pilze aus dem Boden, und die bessergestellten Familien besuchten den Strand des luxuriösen Country Club und den Jockey Club gleich neben der »Muqataa«, dem herrschaftlichen Hauptquartier Arafats. Und abends füllten sich die eleganten Restaurants der Gegend, vor denen schicke Autos parkten.

Und auch für die Mittelschicht hatte sich in der Hauptstadt des Gasastreifens seit der Geburt der palästinensischen Autonomie vieles zum Besseren geändert. Wo jahrelang das Zentrum der Intifada gewesen war, herrschte nun die entspannte mediterrane Atmosphäre einer italienischen Kleinstadt. Steine werfende Jugendliche und brennende Autoreifen gehörten der Vergangenheit an. Das Gebäude der israelischen Kommandantur auf dem riesigen, einstmals sandigen und heruntergekommenen Platz hatte sich in das palästinensische Parlament inmitten eines gepflegten Parks verwandelt. Dort, wo die Massen drei Jahre zuvor ihren neuen Präsidenten empfangen hatten, genossen nun Frauen und Kinder die aufkommende Abendbrise, während die Männer vor dem Gartenpavillon ihre Wasserpfeifen rauchten oder an ihrem Kaffee nippten, der hier nur einen Bruchteil dessen kostete wie im eine Stunde entfernt gelegenen Tel Aviv. Gleich neben der Parkanlage begann die Einkaufsstraße des noblen Remal-Viertels, wo die Leute nach der Arbeit an den Geschäften vorbeiflanierten, in deren Auslagen Schmuck, Kleidung, Spielzeug, Schuhe und vieles mehr angeboten wurden. Es gab sogar eine Filiale des amerikanischen Fast-Food-Riesen Kentucky Fried Chicken.

Doch einige Autominuten entfernt im Flüchtlingslager Schati spielten die Kinder barfuß auf Sandstraßen neben offenen Abflusskanälen und schäbigen Baracken, zwischen denen Wäscheleinen gespannt waren. Für sie war der Eintritt zum Swimmingpool des Country Club unerschwinglich, obwohl ein Jahresabonnement für eine Familie damals nicht mehr als 100 Dollar kostete. Dass es diese Lager immer noch gäbe, wäre ein Trumpf der Palästinenser in den Verhandlungen mit Israel, erklärte mir damals eine ansässige Journalistin, die lieber anonym bleiben wollte. Sie glaubte, wie über die Hälfte der in Gasa lebenden Palästinenser, dass die Kluft zwischen

*Kinder in Gasa*

Arm und Reich durch die Korruption und die Protektions-
wirtschaft in den Kreisen Arafats gefördert wurde. Aber Israel
war noch immer Feindbild Nummer eins. Man wollte sich
emanzipieren, aber gleichzeitig weiterhin das Recht haben, in
Tel Aviv zu arbeiten und dort zu erstehen, was in Gasa nicht
erhältlich war. Auch die Verantwortung für die hohe Arbeits-
losenrate wurde den Israelis zugeschoben, die nicht mehr so
viele Arbeiter hineinließen. Und wegen der drakonischen
Sicherheitsbestimmungen blieben viele Güter und Lieferun-
gen nach Gasa lange an den Checkpoints hängen. Damit breitete sich bei der palästinensischen Bevölkerung das Gefühl
der Isolation und der Frustration aus. Es ging ihr alles zu langsam: »Es ist fast unmöglich, Freunde im Westjordanland zu
besuchen«, klagte die palästinensische Journalistin. »Die ver-
sprochene Verbindungsstraße lässt auf sich warten, ebenso
wie der Flughafen. Jede Auslandsreise ist ein Spießrutenlauf,

*Die VIP-Halle auf dem Flughafen von Gasa, 1998*

weil man bis zur letzten Sekunde nicht weiß, ob man nach
Israel hineinkommt und von dort fliegen kann, oder ob man
nach Kairo muss.«

Ich war dennoch tief beeindruckt von den Entwicklungen
und Veränderungen in Gasa und blieb optimistisch. »Tourismus und Kleinindustrie, das ist die Zukunft von Gasa«,
erklärte mir ein eleganter palästinensischer Unternehmer aus
dem Freundeskreis Arafats, während er mich durch sein
soeben entstehendes Feriendorf mit geplanten 200 Gästezim-
mern, Bankettsälen und einem Fitnessraum führte. »Jetzt
muss nur noch der Flughafen eröffnet werden, dann können
die Touristen kommen!« Im Hintergrund schimmerten das
türkisfarbene Meer und der helle Sandstrand mit den bunt
gestreiften Sonnenschirmchen.

Der Flughafen wurde tatsächlich mit Geldern aus den USA
und Europa erbaut und schließlich im November 1998 eröff-

net. Tausende Bewohner von Gasa verfolgten euphorisch die Landung der ersten »Palestinian Airlines«-Maschine und bewunderten die VIP-Halle mit der prunkvollen orientalischen Kuppel, die speziell für Arafat und seine Gäste bereitstand. Doch nur drei Jahre später lag die neue Rollbahn in Schutt und Asche. Der Traum vom Frieden war vorbei.

## Die zweite Intifada

Der Schock über die schrecklichen Morde, die die zweite Intifada einleiteten, saß tief. Einige Palästinenser hatten zwei israelische Soldaten, die sich verfahren hatten und irrtümlich nach Ramallah gelangt waren, gelyncht und dann siegestrunken ihre Hände mit dem Blut der Ermordeten auf das Fensterglas der Polizeikommandantur gedrückt, um den jubelnden Umstehenden draußen ihre Tat zu zeigen. Die Bilder der blutigen Handabdrücke gingen durch die Medien. Das Zukunftsbild von friedlichen Beziehungen und »Ferien in Gasa« zersplitterte in tausend Scherben.

Längst war Jizchak Rabin wegen seiner Friedenspläne von einem rechtsextremen Israeli ermordet worden. Sein Nachfolger, Benjamin Netanjahu, verfolgte die Friedenspolitik nur sehr halbherzig weiter, und erst Ehud Barak reiste schließlich, nachdem er zum Ministerpräsidenten gewählt worden war, zu einem neuen Verhandlungsanlauf mit Arafat in die USA. Barak soll zu großen Kompromissen bereit und willens gewesen sein, bis auf wenige Prozent alles eroberte Land zurückzugeben. Doch er kam mit leeren Händen zurück, die Gespräche in Camp David waren gescheitert.

Was folgte, waren über drei Jahre Schrecken, in denen ich immer wieder von einem ruhigen Leben in Wien fantasierte, wo ich nicht ständig Angst um unsere Kinder haben müsste.

Aber Ben wollte davon natürlich nichts hören. Es gab immens viel Arbeit. An manchen Tagen kam gleich mehrmals die schreckliche Nachricht über einen fatalen Bombenanschlag in einem Kaffeehaus, einem Einkaufszentrum oder einer Diskothek. Man fühlte sich nirgends sicher, schaute ständig um sich, ob nicht irgendwo eine verdächtige Tasche stand, ob ein Mann mit einem großen Rucksack oder einem zu breiten Mantel das Lokal betrat oder in den Autobus einstieg. Bilder von ausgebrannten Autobus-Skeletten und zerbombten Restaurants waren an der Tagesordnung. Danach kamen in den Abendnachrichten jedes Mal die Begräbnisse und die vielen schrecklichen Geschichten jener Menschen, deren Leben mit dem letzten Bombenanschlag so plötzlich beendet worden war – eine junge Frau, die ihren Vater am Tag vor ihrer Hochzeit im Kaffeehaus getroffen hatte, eine Mutter mit ihrem nur wenige Wochen alten Baby, ein wichtiger Arzt, den man vergeblich im Spital erwartet hatte … Und bei uns liefen die Telefone heiß, weil Radio, Fernsehen und Zeitung gleichzeitig ihre Berichte über die Anschläge bestellten.

Ich hatte jedes Mal, wenn ich die Kinder zur Schule brachte, Schreckensvisionen von Bomben und Selbstmordattentätern im Schulareal und hielt sie deswegen auch so gut wie möglich von großen Veranstaltungen und Menschenmengen fern. Die Geschichte der Mutter, die ihre Tochter nach dem großen Anschlag im »Dolfinarium«, einer Tel Aviver Diskothek, nur mehr an den (damals noch nicht üblichen) grünen Fingernägeln identifizieren konnte, verfolgt mich bis heute. Solche Anschläge gab es zu jener Zeit im Herzen Europas noch nicht, und ich konnte unseren Sommerurlaub in Österreich kaum erwarten. Dort hoffte ich, endlich abschalten zu können, dort gab es keinen Grund, immer nach potenziellen Attentätern Ausschau zu halten und Menschenansammlungen aus dem Weg zu gehen. In Europa war die Welt damals noch heil.

All das, der Aufschwung Gasas und der Silberstreif am Frie-
denshorizont, ist heute beinahe schon vergessen. Die von den
Israelis an der Grenze zum Westjordanland errichtete Sicher-
heitsbarriere, die im Ausland oft als »die Mauer« bezeichnet
wird, hat die zweite Intifada schließlich erstickt, denn mit
Errichtung dieser Sperranlage wurde es beinahe unmöglich,
täglich so große Mengen an Sprengstoff für Anschläge nach
Israel zu schmuggeln. Ich selbst darf als Israelin seit der Macht-
übernahme der Hamas 2007 nicht mehr nach Gasa und hätte
mich auch nicht mehr hineingetraut. 2005 wurden die jüdischen Siedlungen im Gasastreifen aufgelöst und das Land an
die Palästinenser zurückgegeben. Danach gab es von dort,
über Jahre hinweg, ständigen Raketenbeschuss auf den Süden
Israels und in der Folge schließlich drei Gasakriege. Arafat
erkrankte im September 2003 und starb im Jahr darauf in
Paris. Die damals so schmucken neuen Hochhäuser in Gasa
wurden zerbombt, und die Situation der Menschen dort
scheint heute trist, bedrückend und auswegloser denn je.

## Es kann jeden von uns treffen

Die Diskussionen über den »Konflikt« und das Palästinenser-
problem scheinen mir heute seltener und weniger überzeugt
und feurig als damals vor dem Friedensvertrag. Das Scheitern
hat tiefe Wunden hinterlassen und die Friedensbewegung
Israels sehr geschwächt. Und es hat sich vieles in der Welt verändert, der sogenannte Arabische Frühling und die Kriege in
Libyen und danach in Syrien sind in den Vordergrund gerückt.
Gleichzeitig identifizieren sich die Araber innerhalb von Israel
mehr und mehr mit den politischen Anliegen und Forderungen ihrer palästinensischen Brüder, wenn sie auch großteils
nicht selbst in einem palästinensischen Staat leben wollen.

Den Ausdruck »israelische Araber« empfinden die meisten von ihnen heute nicht mehr als korrekt. Sie definieren sich als »israelische Palästinenser«.

Seit Kurzem habe ich einen arabischen, also eigentlich einen »palästinensischen« Physiotherapeuten, der wöchentlich meine lädierte Schulter bearbeitet. Ottman ist riesengroß und stark und spricht Hebräisch mit starkem arabischen Akzent. Er hat, wie viele israelische Araber, in Jordanien studiert, um sich den kostspieligen und schwierigen psychometrischen Test für die Universität in Israel zu ersparen. Während in anderen Berufssparten oft Vorurteile oder Sicherheitsbedenken vonseiten der jüdischen Israelis herrschen, werden diejenigen Araber, die dann mit ihrem Abschluss in medizinischen Fächern zurückkehren, im Gesundheitswesen mit offenen Armen empfangen. Über die Hälfte aller Apotheker in Israel sind Araber sowie auch viele der Krankenpfleger in den Spitälern und einige der Ärzte und Physiotherapeuten. Die Zusammenarbeit mit dem jüdischen Personal gestaltet sich meist problemlos und kameradschaftlich. Im Fokus steht hier nicht der Konflikt, sondern der Patient, egal ob er Zivilist, Soldat oder Terrorist ist – in der Spitalskantine, in der Klinik und am Operationstisch ist Politik tabu.

Ich muss also meinen ganzen Mut zusammennehmen, um Ottman auf den Konflikt anzusprechen. Schließlich bitte ich ihn um Erlaubnis für eine »persönliche Frage« und lege los: »Gibt es eigentlich Leute, die nicht zu dir in Behandlung kommen, weil du Araber bist?« Ottman antwortet offen und locker und erzählt, dass nur ein einmal eine ältere Dame um einen anderen Therapeuten für einen Hausbesuch angesucht hat, als sie seinen arabischen Namen hörte. Daraufhin hätte der Direktor der Klinik geantwortet: »Ich kann Ihnen auch Mohammed oder Achmed schicken« und ihr damit angedeutet, dass sie sich wohl oder übel für einen arabischen Therapeuten entscheiden müsste. Nach der Behandlung hätte sie Ottman dann gefragt, ob er vielleicht noch ein weiteres Mal kommen könnte … »Was zählt, sind die Menschen, nicht die Politik«, fasst er seine Geschichte optimistisch zusammen. Er kommt immer mehr in Fahrt, beinahe als wäre er froh darüber, erzählen zu dürfen: »Ein Arzt aus unserer Stadt ist zur ISIS gegangen und dann nach seiner Rückkehr im Gefängnis gelandet. Aber das war eine Ausnahme – ich sehe die Dinge positiv. Viele sind stolz darauf, meine Patienten zu sein, auch viele junge Soldaten, die sind oft viel offener als die älteren Leute.« Er erzählt auch davon, dass viele Araber während der letzten Intifada Angst gehabt hätten, in jüdischen Städten als potenzielle Terroristen angegriffen zu werden. Und davon, dass ein älterer Mann, der an einem Kiosk neben der Busstation die Zeitungen durchgeschaut hatte, von einem Terroristen erstochen wurde: »Er stand genau neben mir – es hätte auch ich sein können! Es kann jeden von uns treffen, egal, ob Jude oder Araber.«

Ottman macht seine Arbeit gut. Dennoch ist es ein langwieriger, schmerzhafter Heilungsprozess, der wohl noch einige Zeit dauern wird. Während der Therapeut die Elektroden an meiner Schulter anbringt, erkunde ich, wie er die Lösung des Israel-Palästina-Konflikts sieht. »Willst du die Wahrheit wissen?«, fragt er mit einem Lächeln zurück: »Es gibt keine Lösung.«

# 11

## Macht und Ohnmacht der Religiösen

**Ben Segenreich**

Vor den Wahlen im März 2015 hat sich in Israel ein unerhörter revolutionärer Akt ereignet: Erstmals schlossen sich strengreligiöse jüdische Frauen zu einer eigenen politischen Partei zusammen. Der ein bisschen sperrige Parteiname »Uves'chutan« war einem Talmudzitat entnommen und bedeutet frei übersetzt »Durch diese Frauen«. Die Liste sollte letztlich zwar nur 0,04 Prozent der Stimmen bekommen. Der religiös-feministische Aufstand zog also keinen sofortigen Umsturz nach sich und hatte keinen Einfluss auf die Zusammensetzung des Parlaments oder der Regierungskoalition. Aber er war eines von vielen Signalen, die eine Bewegung anzeigen – nämlich eine Rückzugsbewegung der Strengreligiösen.

### Die Furcht vor den »Fürchtenden«

Dass die Strengreligiösen in Israel auf dem *Rückzug* sein sollen, widerspricht einer herkömmlichen Vorstellung. Viele Menschen, die Israel aus Medienberichten »kennen«, sind davon überzeugt, dass die Strengreligiösen ganz im Gegenteil in einem unaufhaltsamen *Vormarsch* wären. Aber auch viele Israelis fürchten sich davor, dass das Land »bald von den Strengreligiösen übernommen wird« – und vor dieser »baldigen« Übernahme fürchten sie sich schon seit Jahrzehnten. Sonst ganz vernünftige Tel Aviver Yuppies, denen so gut wie nie ein Jude mit schwarzem Bart, schwarzem Käppchen und schwarzem Rock über den Weg läuft, warnen mit blitzenden oder panischen Augen vor dem »religiösen Diktat«, dem »Gottesstaat« und der baldigen »Teheranisierung« Israels. Ein bisschen komisch ist dabei, dass man eben diejenigen, die solche Ängste auslösen, im Hebräischen »die Charedim« nennt, also wörtlich »die Fürchtenden«, womit gemeint ist, dass sie gottesfürchtig sind. Im deutschen Mediensprachgebrauch werden sie gewöhnlich »die Ultraorthodoxen« genannt. Diesen Ausdruck mag ich nicht, weil er wertend ist – es steht mir nicht zu, Menschen als »ultra«, also übertrieben, maßlos oder jenseitig einzuordnen. Mir reicht es, wenn ich sie einfach »strengreligiös« oder »charedisch« nenne. Weil es bei der Religiosität so viele Nuancen mit fließenden Übergängen gibt, ist eine präzise Definition unmöglich. Aber man schätzt, dass in Israel rund eine Million strengreligiöse Juden leben, was elf Prozent der Einwohnerzahl entspricht. Die jüngsten verfügbaren statistischen Daten (sie beziehen sich auf das Jahr 2014) besagen, dass eine charedische Frau im Durchschnitt 6,9 Kinder bekommt, verglichen mit 3,1 Kindern pro Frau in der Gesamtbevölkerung. Daraus ergibt sich, dass der Anteil der Strengreligiösen wächst, und wenn das so weitergeht, werden sie 2059 ein Drittel der jüdischen Bevölkerung Israels ausmachen. Aber langfristige demografische Prognosen sind ein unsicheres Geschäft. Viel sicherer ist, was man in der Gegenwart sehen kann, und da bietet sich ein anderes Bild: Nach außen hin wird der Einfluss der Strengreligiösen in der israelischen Gesellschaft immer schwächer, und im Inneren wird ihre Lebensweise infrage gestellt.

Zum Beispiel durch diese lästigen jungen Frauen von »Uves'chutan«. Mit ihren verschiedenen Parteien mischen die strengreligiösen Juden von jeher eifrig in der israelischen Politik mit, aber Frauen wird man unter ihren Abgeordneten,

*Ben Segenreich im Gespräch mit Strengreligiösen*

Ministern und sonstigen Funktionären vergeblich suchen. Frauen im öffentlichen Bereich? Dazu sind sie nach der charedischen Weltanschauung »nicht geeignet«, das ist »nicht ihre Aufgabe«, und vor allem wäre es nicht »sittsam«. Auf das wertvolle weibliche Stimmreservoir verzichtet man dabei natürlich nicht. Aber die politische Willensäußerung der Frau hat sich darauf zu beschränken, am Tag der Wahl so zu stimmen, wie ihr Rabbiner es angeordnet hat. Alle Versuche von Frauen, von den bestehenden charedischen Parteien als Kandidatinnen aufgestellt zu werden, wurden abgeblockt, deshalb hatte Ruth Colian genug und gründete »Uves'chutan«. »Wenn wir nicht mit euch im Parlament sein werden, werden wir statt euch dort sein«, lautete die Kampfansage der damals 33-jährigen Mutter von vier Kindern an die Männer. Es ist eine doppelte Ungerechtigkeit, gegen die die neue Partei sich aufgelehnt hat. Denn jene, die einerseits politisch weggesperrt werden, tragen andererseits die Hauptlast der charedischen Gesellschaft. Die Männer widmen sich dem Studium der heiligen Schriften, während die Frauen ständig schwanger sind, den Haushalt zusammenhalten und Geld verdienen. Ruth Colian und ihre

**165**

Bundesgenossinnen wurden in ihrem Umfeld als »Verrückte« beschimpft, und nur wenige Frauen hatten bisher den Mut, sich dem Ausbruchsversuch anzuschließen. Aber es ist klar, dass die traditionelle Umklammerung der charedischen Frauen auf die Dauer nicht haltbar sein wird, schon allein aus wirtschaftlichen Gründen.

## Der Feind in der Hosentasche

Und es sind nicht nur die Frauen. Das innere Brodeln manifestiert sich auch dadurch, dass ungefähr jeder zehnte strengreligiöse junge Jude die strengreligiöse Gemeinschaft verlässt. *Der* übermächtige äußere Feind ist dabei ein gemeiner kleiner Eindringling: das Smartphone. Das althergebrachte Massenkommunikationsmittel in den charedischen Vierteln sind die sogenannten Paschkevils – Wandplakate, durch die rabbinische Autoritäten mitteilen, wie man denken und sich verhalten soll. Vor Jahrzehnten schlugen zunächst das Fernsehen und dann der Computer Breschen in die Mauern, die den charedischen Nachwuchs von den Verlockungen der westlichen Wohlstandsgesellschaft fernhalten. In den strengreligiösen Familien waren und sind daher Fernsehapparate und Computer mit Internetanschluss offiziell als lasterhaft verpönt, und wegen ihrer Größe ist es schwierig, sie heimlich zu benützen. Aber in der Ära des Smartphones haben sich diskrete Fensterchen zur Welt geöffnet, zu Informationen, zu anderen Denkweisen und Werten. Auf der Straße halten die Strengreligiösen brav das »koschere« Handy in der Hand, mit dem man nur telefonieren kann, aber irgendwo versteckt, so heißt es, haben alle ein zweites Gerät zum heimlichen Surfen (wobei es mittlerweile auch schon charedische Websites gibt). »Früher hat man gegen Zeitungen gekämpft, gegen das Fernsehen, aber heute ist das in deiner Hosentasche«, sinniert Schmuel Haim Pappenheim, ein früherer Chefredakteur einer charedischen Zeitung, jetzt ein Erzieher in Jerusalem, der für behutsame pragmatische Anpassungen in der streng-religiösen Lebensgestaltung eintritt. »Du kannst in dieser Hinsicht den Einzelnen nicht kontrollieren, und das ist sehr bedrohlich und hat wirklich sehr viel Nachdenken ausgelöst. Die Gefahr kommt von Wikipedia, den Ideen, den anderen Möglichkeiten ...« Er bestätigt, dass es »sehr viel Aufregung in der Gemeinschaft« gibt, auch wegen der materiellen Not: »Viel Streit, viele Emotionen kommen in dieser Debatte hoch, aber wir haben keine Wahl, wir müssen umdenken – denn man kann nicht große Familien mit zwölf oder 14 Kindern aufziehen in einem Land, wo man recht gut lebt, und du musst dich einschränken und kannst deinen Kindern nicht einmal das Minimum bieten.«

*Strengreligiöse im Handygeschäft*

# Entheiligung

Bei all dem handelt es sich um innere Angelegenheiten, die sich die Strengreligiösen untereinander ausmachen müssen. Wenn aber so salopp wie vorwurfsvoll immer wieder vom angeblich wachsenden »religiösen Zwang« in Israel gesprochen wird, dann ist natürlich etwas ganz anderes gemeint – nämlich eine Entwicklung, in der *allen Bürgern* durch *staatliche* Gesetze oder Verordnungen nach und nach immer mehr religiös motivierte Verhaltensweisen aufgezwungen würden. Natürlich: Die Strengreligiösen würden sich schon wünschen, dass der Gesetzgeber des jüdischen Staates allen Juden vorschreibt, hübsch fromm und immer frommer zu leben. Aber die Strengreligiösen machen sich diesbezüglich keine Illusionen, und die Wahrheit ist, dass die Entwicklung in die entgegengesetzte Richtung läuft. Wenn der vom Gründervater David Ben-Gurion etablierte »Status quo«, also das Gleichgewicht zwischen den Ansprüchen des demokratischen Staatswesens und der Religion, überhaupt verschoben wird, dann fast immer zulasten des religiösen Sektors, und dafür gibt es unzählige Belege.

Zum Beispiel die Kinos. Als ich vor mehr als 30 Jahren eingewandert bin, tobte ein Kulturkrieg darum, ob Kinos in Israel am Freitagabend geöffnet sein dürfen. Nach jüdischer Tradition beginnt am Freitagabend die Schabbat-Ruhe, und die Fahrt zum Kino, der Kartenverkauf, die Beleuchtung und überhaupt alles, was mit einem Kinobetrieb zu tun hat, ist aus religiöser Sicht eine »Entheiligung« des Schabbat. Aber diesen Kampf haben die Strengreligiösen längst verloren, aufgegeben und vergessen. Niemandem würde es heute einfallen, sich den Massen in den Weg zu stellen, die an den Freitagabenden in die glitzernden Cine-Komplexe strömen, und auch in Heimwerkerzentren, Drogeriemärkten und Büroartikelbasaren klingeln am Schabbat die Kassen. Sogar in der heiligen Stadt Jerusalem, wo die Strengreligiösen zahlenmäßig und politisch besonders stark sind, bleiben jetzt am Schabbat gut 200 Restaurants, Cafés, Bars, Kinos, Museen sowie andere Vergnügungs- und Kulturstätten geöffnet. Fußballliga-Spiele wurden ohnehin von jeher an Samstagen ausgetragen – wann denn sonst? Das israelische Wochenende hat nur diesen einen Tag, und die Strengreligiösen haben es natürlich nie gewagt, die Institution des Fußballsamstags anzutasten, denn sie wären von den Fans hinweggefegt worden. Bis vor einigen Jahren galt aber die Konvention, dass die israelische Fußballnationalmannschaft am Schabbat nicht antritt – anders als die privaten Vereine repräsentiert sie ja offiziell den Staat, und man erwartet von ihr Respekt für dessen Werte. Wann dieses Tabu zum ersten Mal gebrochen wurde, ist mir entgangen, und ich weiß nicht, ob die Strengreligiösen das übersehen oder absichtlich wegschauen, aber jetzt laufen die Nationalkicker, wenn es sein muss, auch an Freitagabenden ein, und niemand muckst sich.

Außer der Schabbat-Ruhe gibt es noch andere religiöse Vorschriften, die Außenstehenden vielleicht kurios vorkommen, aber im Judentum eine Selbstverständlichkeit sind, ja jüdisches Leben definieren. Dazu gehört etwa, dass man während der acht Tage des Pessach-Festes kein gewöhnliches gesäuertes Brot isst, sondern stattdessen Matza, eine Art Knäckebrot. Auch damit geht Israel immer lockerer um: Früher wurde zu Pessach in den Restaurants gewöhnlich kein Brot auf den Tisch gestellt, heute kann man in den meisten Lokalen aussuchen, ob man Brot oder Matza will. In Kraft ist dabei tatsächlich noch immer ein altes Gesetz, das es Geschäften verbietet, gesäuerte Lebensmittel zu Pessach »öffentlich zur Schau zu stellen«. Doch schon 2008 hat eine Jerusalemer Magistratsrichterin sehr zum Ärger strengreligiöser Politiker entschieden, dass Lebensmittelläden, Restaurants und Pizzerias im Sinne dieses Gesetzes nicht als »öffentliche« Orte zu definieren sind und daher sehr wohl gesäuertes Backwerk verkaufen dürfen. Das illustriert, dass etwa im heiklen Bereich der »Kaschrut« (also der religiösen Speisevorschriften) nicht nur keine neuen staatlichen Gesetze eingeführt werden, die den »religiösen Zwang« verstärken würden, sondern dass im Gegenteil bestehende Gesetze immer legerer ausgelegt oder gar ignoriert werden. Ein 1998 beschlossenes »Fleischgesetz« scheint überhaupt das letzte staatliche Gesetz zu sein, das dem Speisezettel der Israelis aus dem religiösen Bereich kommende Beschränkungen auferlegt hat. Es verbietet den Import von nichtkoscherem Fleisch. Nicht verboten ist aber der Verkauf von im Inland produziertem nichtkoscheren Fleisch, sodass niemand in Israel dem Speck auf seinem Hamburger entsagen muss. In der Tat gibt es in Israel sogar Schweinezüchter, obwohl das Schwein im jüdischen (nicht nur religiösen, sondern allgemein kulturgeschichtlichen) Empfinden *das* Symbol von Unreinheit ist. Und seit den 1990er-Jahren, als eine Million Einwanderer aus der zerfallenen Sowjetunion ihre Essgewohnheiten mitbrachten, ist der Schweinefleischkonsum in Israel enorm angestiegen, ob es den Rabbinern passt oder nicht.

## In der Defensive

Noch an vielen anderen Fronten weichen die Strengreligiösen vor den Kräften des Alltags und des Fortschritts zurück. Die jüdischen Reformbewegungen, in den US-amerikanischen Gemeinden dominant, aber in Israel lange Zeit verachtet und inexistent, rütteln am angestammten Monopol der Orthodoxie. Im Tauziehen um die Besetzung der munizipalen »religiösen Räte« konnten die Orthodoxen die Nominierung von weiblichen und reformierten Mandataren nicht mehr verhindern. Frauen haben sich das grundsätzliche Recht erkämpft, bei der Klagemauer mit Gebetsschal zu beten und dabei aus der Thora zu lesen, was für die Strengreligiösen eine unerträgliche Irritation darstellt. Schon vor gut 20 Jahren musste das Oberrabbinat hinnehmen, dass Juden nunmehr auf nichtreligiösen Friedhöfen beerdigt werden konnten, was davor nicht möglich gewesen war. Im Juni 2017 wurde dann ein weiterer bemerkenswerter Schritt in diese Richtung gesetzt: Ein Generalstabsbefehl legte fest, dass auf Wunsch der Angehörigen auch militärische Begräbnisse frei von »religiösen Elementen« sein können. Das war ein Traditionsbruch, der schon relativ unauffällig durchging, während um die alljährliche Umstellung auf die Sommerzeit noch eine von wechselseitigen Hassausbrüchen begleitete Schlacht geschlagen worden war. Die verschobene Uhrzeit bringe die Morgengebete durcheinander, jammerten die Charedim, und es gelang ihnen über Jahre, dem ganzen Land eine verkürzte Sommerzeit-Periode zu diktieren, indes die Mehrheit der Israelis sich darüber krankärgerte, dass es schon Anfang September früh finster wurde. Aber auch hier haben die Religiösen letztlich verloren, und die Israelis drehen ihre Uhrzeiger jetzt synchron mit den Europäern vor und zurück.

Das ganz heiße Thema der jüngeren Zeit ist der Pflichtwehrdienst für charedische Religionsstudenten, über den früher nicht einmal nachgedacht werden konnte, dessen Durchsetzung nun aber, wenn auch langsam und mit Rückschlägen, in Gang gekommen ist. Ein Mittel der Strengreligiösen im Abwehrkampf gegen die Rekrutierung ihrer jungen Männer sind gewaltige, oft turbulente Demonstrationen, wie es sie über die Jahrzehnte auch aus anderen Anlässen häufig gegeben hat. Die Proteste konnten sich etwa dagegen richten, dass

am Schabbat eine Tiefgarage in der Nähe der Jerusalemer Alt-
stadt in Betrieb war, oder gegen archäologische Grabungen
auf einem alten jüdischen Friedhof, oder gegen irgendein
Erkenntnis des als antireligiös empfundenen Obersten
Gerichtshofs. Der Anblick von Tausenden oder gar Zehntau-
senden dicht gedrängten schwarzen Gestalten, die die Straßen
überschwemmen, hysterische Rufe ausstoßen, mit Polizisten
rangeln und Mülltonnen umwerfen, ist wirklich spektakulär
und erschreckend – und bei vielen israelischen und ausländischen Berichterstattern sitzt der Schreck dann anscheinend so
tief, dass ihnen darüber der gesunde Menschenverstand
abhandenkommt. Sie verkaufen solche Demonstrationen
regelmäßig als weiteres Indiz dafür, dass »die Ultraorthodoxen« Israel dominieren. Dabei könnten auch Uneingeweihte
sich durch eine bloße Plausibilitätsüberlegung klarmachen,
dass das so nicht stimmen kann: Denn demonstrieren gehen
gewöhnlich doch jene, die sich benachteiligt fühlen oder
denen etwas weggenommen wird, nicht jene, die an den
Schalthebeln der Macht sitzen.

Richtig ist zugleich, dass religiöse Parteien (nicht nur die
»Charedim«, sondern auch die von ihnen zu unterscheiden-
den Nationalreligiösen) von jeher in Israel einigen politischen
Einfluss haben. Den haben sie aber nicht als von außen gegen
die Demokratie anrennende Krawallmacher, sondern als Faktoren im Inneren des demokratischen Systems. Und der Grund
dafür liegt nicht bei den Religiösen selbst, sondern bei den
Wahlergebnissen. Das israelische Parlament ist immer in mindestens zehn, manchmal sogar bis zu 15 Fraktionen aufgesplit-
tert. Da die religiösen Parteien sowohl nach rechts als auch
nach links hin bündnisfähig sind, befinden sie sich bei Koali-
tionsbildungen stets in der bequemen Position des Züngleins
an der Waage und können Forderungen stellen. »Diese Charedim wollen immer nur Geld«, grollen daher verbitterte säku-

172

lare Israelis. Dabei ist es offensichtlich, dass zehnköpfige Familien in Dreizimmerwohnungen, wo ältere Geschwister den jüngeren die abgetragenen Kleider weitergeben, alles andere als ein Luxusleben führen. 52 Prozent der Strengreligiösen leben unterhalb der Armutsgrenze, verglichen mit 22 Prozent in der Gesamtbevölkerung. Möglicherweise gelingt es den religiösen Parteien wirklich, in überproportionalem Maß Budgetmittel in ihre Institutionen zu kanalisieren. Aber die Geldverteilung wird je nach den aktuellen Mandatsverhältnissen auch regelmäßig korrigiert, durchaus manchmal zuungunsten der Religiösen. Und grundsätzlich ist es ja auch legitim, für den Sektor, von dem man gewählt wurde, mehr Geld herausholen zu wollen – Politik gemacht wird in einer parlamentarischen Demokratie nun einmal über das Budget. Mit einiger Berechtigung argumentieren religiöse Politiker, dass doch nicht nur Talmud-Thora-Schulen vom Staat subventioniert werden, sondern etwa auch die Oper oder Sportvereine, mit denen wiederum viele Religiöse nicht das Geringste anzufangen wissen.

Wie auch immer: Die weit verbreitete Annahme, dass die Strengreligiösen politisch immer mächtiger würden, lässt sich durch ein einfaches Abzählen der Parlamentsmandate widerlegen. Bei den Wahlen 1999 hatten die strengreligiösen Parteien zusammen 16,8 Prozent der Stimmen bekommen, ein singulärer Höchststand. Die Erklärung dafür war, dass die strengreligiöse Schass-Partei sich als Anwältin der sozial schwachen orientalischen Juden profiliert hatte und damit auch viele Stimmen von nicht wirklich religiösen Wählern einfuhr. Doch bei den vier Wahlgängen danach pendelten die Strengreligiösen nur noch zwischen 12,5 und 14,2 Prozent. Und bei den letzten Wahlen (2015) sind sie auf 10,7 Prozent abgeglitten – sie haben also innerhalb von 16 Jahren mehr als ein Drittel ihrer Kraft verloren! Von den letzten fünf Regierungen wurden zwei (2003 unter Ariel Scharon und 2013 unter Benjamin Netanjahu) sogar ganz ohne Beteiligung der Streng-religiösen gebildet.

## Staat und Religion

Auch andere demokratische und fortschrittliche Länder haben die Trennung von Staat und Religion nicht ganz voll-zogen und haben das anscheinend auch nicht vor. In Öster-reich sind die katholischen Feiertage auch gesetzliche Feier-tage. In England ist der britische Monarch zugleich das Oberhaupt der Kirche. Das dänische Grundgesetz legt fest, dass die evangelisch-lutherische Kirche die »Volkskirche« ist. Und das offizielle Motto der USA, das auf Münzen und Bank-noten steht, lautet »In God We Trust«. Der Judenstaat hat es mit dieser Trennung von vornherein schon deswegen viel schwerer, weil Religion und nationale Zugehörigkeit in der jüdischen Identität unentwirrbar verflochten sind. Dabei ist Israel ein ziemlich liberales Land und wird immer liberaler. Es gibt hier freie und (insbesondere gegen »die Religiösen«) sehr angriffslustige Medien, provokante Künstler, ein fröhliches Nachtleben mit Alkohol und Drogen sowie bunte Homosexu-ellenfeste. Ohne Zweifel ist es aber notwendig, die Religion noch weiter aus den staatlichen Strukturen hinauszudrängen. »Normal« wäre es, wenn überhaupt keine religiösen Parteien im Parlament säßen. Religiöse Bürgerinnen und Bürger soll-ten den gleichen Wehr- oder Zivildienst leisten wie alle ande-ren. Und man sollte nicht zum Rabbinat laufen müssen, um zu heiraten oder sich scheiden zu lassen (in Israel gibt es näm-lich keine Zivilehe, und Paare, ob jüdisch, muslimisch oder christlich, können nur von Geistlichen getraut werden). Diese Veränderungen brauchen aber Zeit. Der jüdische Staat will für alle Juden da sein, von den sehr religiösen bis zu den ganz und gar nicht religiösen, und das Problem, wie Menschen mit derart konträren Weltanschauungen auf engem Raum koexistieren und kommunizieren können, wird Israel noch für Generationen beschäftigen.

# 12

## Verrückt nach Kommunikation

Vom Zusammenhang zwischen Bedrohungslage, Nachrichtensucht und Hitech-Kreativität

**Ben Segenreich**

Eine kleine Eigenheit, die für mich Israel charakterisiert, seit ich das Land als Kind zum ersten Mal besucht habe, ist diese Sache mit dem Radio in den öffentlichen Bussen. Immer zur vollen Stunde, wenn die Nachrichten beginnen, dreht der Lenker reflexartig das Radio lauter, und die Fahrgäste werden leiser. Das ist auch deswegen bemerkenswert, weil die Israelis eigentlich nie leise sind und der Lärmpegel ihrer Gespräche, sei es bei der Arbeit, auf dem Postamt, im Kaffeehaus oder eben im Autobus, im Durchschnitt deutlich über dem liegt, was man in Europa gewohnt ist. Mag sein, in den letzten Jahren widmen die Buspassagiere ihre Aufmerksamkeit zunehmend ihren Smartphones und Kopfhörern, und vielleicht nehmen es die Lenker der jüngeren Generation mit dem Radio-Ritual nicht mehr so genau. Aber diese Furcht, eine Nachricht zu verpassen, ist irgendwie mit dem Lebensgefühl in Israel verbunden, was sicher auch daran liegt, dass man hier von jeher mit Kriegen oder anderen unangenehmen Überraschungen rechnen musste. Oder man könnte umgekehrt auch sagen, die Israelis haben ständig das Bedürfnis, sich selbst zu beruhigen: nichts Besonderes in den Nachrichten, alles bestens.

Ich denke, dass das über Israel hinaus allgemein in den Juden steckt – Nachrichtensucht als erworbener Schutzinstinkt. Wenn man Pogrome und Verfolgungen erlitten hat, wenn man für irgendwelche Krisen immer als Erster büßt, dann ist es eine Überlebensnotwendigkeit, über die Entwicklungen im Nachbardorf oder in der Hauptstadt auf dem Laufenden zu sein. Mein Vater zum Beispiel hat nie in Israel gelebt, aber er hat in Wien immer ein Transistorradio in Griffweite gehabt, auf dem auch er, wie die Israelis in den Bussen, zu jeder vollen Stunde Nachrichten hörte, entweder vom österreichischen Rundfunk oder von verschiedenen verrauschten internationalen Kurzwellensendern. Meiner Mutter ging das einigermaßen auf die Nerven, aber für ihn war es wie ein Zwang. Er musste noch schnell ein letztes Mal Nachrichten hören, bevor er in der Nacht das Licht löschte, und in der Früh nach dem Aufwachen schaltete er als Erstes wieder das Radio ein. Ein bisschen habe ich diese Marotte von ihm geerbt, wobei ich aber die Entschuldigung habe, dass es mein Beruf verlangt.

Bei all der Informationsbesessenheit war es erstaunlich, in welch erbärmlichem Zustand das Telefonnetz war, als ich in den 1980er-Jahren in Israel einwanderte. Auf einen neuen Anschluss musste man monatelang warten, und Störungen, auch in der manchmal unterhaltsamen Form, dass man plötzlich bei einem fremden Gespräch mithören konnte, waren sehr häufig. Kein Wunder, denn die Leitungen hingen lustlos von alten Holzmasten über Hinterhöfe zu den Häusern, wo sie sich in wilde Bündel von schleißigen dünnen Drähten verästelten, die der Sonne, dem Regen und den Mäusen ausgesetzt waren. Wenn das Telefon ausfiel, war es erstens schwierig, den Störungsdienst zu verständigen, und zweitens konnte man nicht wissen, wann und ob überhaupt ein Techniker erscheinen würde. Nach mehreren solchen Telefon-Schicksalsschlägen war ich grimmig entschlossen, mir selbst zu helfen. Es gelang mir, an der Außenwand jene Drähte zu identifizieren,

**177**

*Hausfassade in Jerusalem*

die zu meiner Wohnung führten. Und fortan stieg ich bei jeder Störung auf eine Leiter und schraubte lose gewordene Litzen wieder fest oder zupfte einfach so lange an den Drähten herum, bis die Verbindung wieder da war.

## Start-up-Mentalität

Das war in einer primitiven Vorzeit, aus der sich Israel unglaublich rasch in seine Zukunft als Hitech-Supermacht katapultieren sollte. Die Wende kam in den 1990er-Jahren, als das Mobiltelefon die Welt im Allgemeinen, besonders schnell aber Israel eroberte. Die erste und damals einzige israelische Betreiberfirma hatte den hübschen Namen »Pelefon«, ein hebräisches Wortspiel, das man mit »Wunderfon« übersetzen kann. Ich erinnere mich, dass ich 1995 sogar einen Fernsehbericht darüber machen durfte, dass man gerade in Israel so viele Handys sah, in einer Zeit, als die Geräte und die Gesprächsminuten noch sehr teuer waren. Expertinnen und Experten für Technologie und Soziologie bestätigten mir, dass die Handy-Nutzung in Israel drei Mal so stark war wie in Österreich. »Man redet hier viel und hat über alles eine Meinung«, und »die Israelis sind verrückt nach Kommunikation, das sieht man auch an der Nutzung des Internets und an der Zahl der Computer«, lauteten die Erklärungen.

Nicht nur den privaten, sondern auch den unternehmerischen Bereich prägt eine gewisse Grundeinstellung, die den unscheinbaren Kleinstaat im rückständigen Orient inzwischen zur stolzen »Start-up-Nation« gemacht hat – so der zum geflügelten Wort gewordene Titel eines 2009 erschienenen Bestsellers von Dan Senor und Saul Singer. Dabei hatte und hat der Wirtschaftsstandort Israel die denkbar schlechtesten Voraussetzungen. Mehr als die Hälfte des Landes besteht aus

**179**

Wüste, und es gibt zu wenig Wasser. Es gibt auch fast keine Rohstoffe und Energiequellen (obwohl sich das in den letzten Jahren durch bedeutende Offshore-Erdgasfunde geändert hat). Israel hat Einwanderer aus rund 70 Ländern aufgenommen, viele von ihnen arm und schlecht ausgebildet. Und der Staat liegt in einer armen, chronisch instabilen Region, von der er noch dazu isoliert ist, weil er seit seiner Gründung mit seinen Nachbarn im Krieg steht oder bestenfalls einen »kalten Frieden« hat. Auch wenn Israel normale Beziehungen in der Umgebung hätte, fänden sich da keine nennenswerten Absatzmärkte. Ägypten zum Beispiel hat zehn Mal so viele Einwohner wie Israel, aber Israels Bruttoinlandsprodukt ist höher als das von Ägypten.

Gerade in diesen Schwierigkeiten, in dieser Notwendigkeit, aus nichts etwas zu machen, liegt aber paradoxerweise auch die Erklärung für das israelische Start-up-Wunder. Die Israelis waren gezwungen, eine »Mentalität« des kreativen Denkens, des Improvisierens, der Frechheit und der Hartnäckigkeit zu entwickeln, verbunden mit einer Tendenz zur Selbstüberschätzung und dem Mut zum Scheitern und zum Neubeginn – genau jene Eigenschaften, die man als Start-upper braucht. Ein Nährboden dafür ist natürlich der militärische Bereich, der in der israelischen Wirtschaft und Gesellschaft viel Gewicht hat. Auf der individuellen Ebene kommen viele Mädchen und Burschen durch den langen Armeedienst schon in ganz jungen Jahren in Funktionen, wo sie Verantwortung übernehmen, Entscheidungen treffen, sich schnell bewegen und belastbar sein müssen. Und auf der kollektiven Ebene ist infolge der militärischen Bedürfnisse eine Hitech-Rüstungsindustrie entstanden, die wiederum viele zivile Anwendungen befruchtet hat.

## Chatten, USB-Stick und Firewall – made in Israel

Die Liste der einschlägigen Großtaten israelischer Tüftler und Unternehmer ist lang. Viele Systeme und Bauteile, die längst zum selbstverständlichen Inventar unseres digitalen Alltags gehören, gehen auf israelische Erfindungen zurück. Schon in den 1970er-Jahren zum Beispiel schufen Professoren am Technion, der technischen Hochschule in Haifa, den Datenkompressions-Algorithmus, der den heute universell genützten Datei-Formaten Zip und pdf zugrunde liegt. Den USB-Stick und den Flash-Speicher verdankt die Welt der Firma M-Systems des Israelis Dov Moran. 1996 war es das israelische Unternehmen Mirabilis, das mit ICQ den Internet-Chat einführte. Comverse Technology, 1982 in Israel gegründet, war ein Voice-Messaging-Pionier. Das Tel Aviver Software-Unternehmen Check Point hat die Firewall auf den Markt gebracht, ohne die heute kein Computer auskommt.

Kein Wunder, dass der Hotspot am östlichen Mittelmeer diejenigen anzieht, die ständig auf der Suche nach Innovationsideen und Investitionsgelegenheiten sind. Der Raum von

*Auf dem Gebiet der Cyber-Abwehr ist Israel Weltspitze*

181

Tel Aviv wird als bestes Start-up-Ökosystem außerhalb der USA eingestuft, und an der US-Technologiebörse NASDAQ hat das winzige Israel nach den USA und China mehr Firmen gelistet als jedes andere Land. Globale Giganten wie Intel, Google, Facebook, Apple, Microsoft oder HP haben Forschungs- und Entwicklungszentren in Israel und verleiben sich seit Jahren wie Staubsauger um jeweils zwei- oder dreistellige Millionenbeträge heimische Start-ups ein. 2016 haben israelische Exits insgesamt rund zehn Milliarden Dollar generiert. Im März 2017 hat der Verkauf von Mobileye, einem in Jerusalem beheimateten Anbieter von Fahrzeugkollision-Warnsystemen, einen Rekord aufgestellt und auf den Wirtschaftsseiten der Welt Schlagzeilen gemacht – Intel legte atemberaubende 15,3 Milliarden Dollar auf den Tisch, weil es sich erhoffte, mithilfe der israelischen Technologie die Konkurrenz um das selbstfahrende Auto zu gewinnen.

## Ungleichheit

Viele wollen vom israelischen Modell lernen, etwa auch österreichische Politiker, zu deren Programm bei offiziellen Israel-Besuchen in den letzten Jahren immer auch eine Inspektion der Start-up-Szene gehört. Aber die auf den ersten Blick so einleuchtende Formel »Je mehr Start-ups, desto besser« wird auch hinterfragt. Manuel Trajtenberg hat die selbstbewusste israelische Start-up-Community vor den Kopf gestoßen, als er die häufigen spektakulären Exits gar als »Unglück für die israelische Wirtschaft« bezeichnete. Der angesehene Wirtschaftsprofessor und Abgeordnete, der Kandidat der Arbeiterpartei für den Posten des Finanzministers war, diagnostiziert, dass die Hightech-Fixierung »die sozioökonomischen Ungleichheiten verstärkt«. Der Technologiesektor beschäftige nur rund zehn Prozent der Arbeitskräfte, den anderen Sektoren und den ärmeren Schichten kämen das durch die Start-ups herangeschaffte Kapital und Know-how nicht zugute: »Auf der einen Seite steht der unerhörte Erfolg mit hohen Gehältern, hohem Lebensstandard, der totalen Vernetzung mit der Welt, und auf der anderen Seite steht der bei Weitem größte Teil der Wirtschaft, mit niedriger Produktivität und stagnierenden Gehältern.« Den Grund dafür, dass Hightech in Israel als Wachstumsmotor nicht wirklich funktioniere, ortet Trajtenberg eben in der »Exit-Kultur«. Die israelischen Start-up-Genies würden fast immer zu rasch verkaufen, die Firmen könnten so ihr Potenzial nicht ausschöpfen, und »die Früchte werden dann von den Konglomeraten in den USA und in Europa geerntet«.

Der Nutzen für das Land ist natürlich nicht zu leugnen. Durch die Start-up-Dynamik und die Einbindung der Multinationalen werden in Israel Steuern abgeworfen, Investoren angelockt und die nächsten Ingenieur- und Managergenerationen herangebildet. Aber die Ungleichheit bei der Verteilung von Chancen und Reichtum ist ein innenpolitisches Dauerthema und wurde etwa auch von der OECD kritisiert. Diese Ungleichheit ist neben dem Konflikt mit der arabischen und islamischen Welt wohl Israels drückendstes Problem – bei allem Stolz auf die brillante Hitech.

# 13

## Ein Opernhaus, keine Armee –
## Theodor Herzls Bericht aus der Zukunft
Ein Vergleich zwischen Vision und Wirklichkeit

**Ben Segenreich**

In jeder israelischen Stadt gibt es eine Herzl-Straße. Nur in Herzlia ist das nicht nötig, weil ja die Stadt selbst nach Theodor Herzl benannt ist. Dafür gibt es hier eine »Judenstaats-Straße« (Herzls bahnbrechendes zionistisches Manifest hieß »Der Judenstaat«), eine »Straße des Zionistischen Kongresses« (den hat Herzl 1897 erstmals einberufen), eine »Basel-Straße« (der Kongress tagte in Basel) und ein »Sieben-Sterne«-Einkaufszentrum (auf der Flagge, die Herzl für den sozialliberalen Judenstaat vorschlug, sollten sieben Sterne »die sieben goldenen Stunden unseres Arbeitstags« symbolisieren). Vor wenigen Jahren wurde in Herzlia sogar eine »Altneuland-Straße« eingeweiht (nach Herzls programmatischem Roman). Über die Straßennamen in seinem erträumten Staat hat Herzl sich keine Gedanken gemacht, dafür über unzählige andere Details. Was ist aus Herzls Vision geworden?

»Die Ouvertüre war schon fast vorüber, als sie in die Loge traten.« So beginnt ein Kapitel des utopischen Romans »Altneuland«, in dem Theodor Herzl 1902 beschreibt, wie er sich das Leben im Judenstaat des Jahres 1923 vorstellt. In Altneuland (genau genommen ist es kein Staat, sondern eine »Gesellschaft«, deren Mitglieder das Wahlrecht haben) gibt es »dieselben Bequemlichkeiten wie in den Großstädten Europas« und daher auch ein prächtiges Opernhaus. Das hätte man im

Orient eher nicht erwartet. Aber der in Budapest geborene Wiener Journalist lag damit ziemlich richtig, denn im 1948 gegründeten Staat Israel wirkte von der ersten Minute an ein nationales Opernensemble, in dem dann etwa der blutjunge Plácido Domingo Lehrjahre absolvierte, und seit 1994 hat die Israelische Oper in Tel Aviv eine gut besuchte moderne Spielstätte höchsten Standards. Nicht beherzigt wird Herzls Dresscode, wonach die Herren beim Opernbesuch »weiße Handschuhe« tragen müssen – in Israel ist die Kleidung immer und überall sehr »casual«. Und die altneuländische Oper steht natürlich in der Hafenstadt Haifa, die Herzl als vibrierende Kultur- und Technik-Metropole des künftigen Judenstaats imaginierte. Diese Rolle sollte aber Tel Aviv zufallen, was der Prophet nicht vorhersehen konnte, weil Tel Aviv erst ab 1909, fünf Jahre nach Herzls frühem Tod, aus den Sanddünen nördlich von Jaffa hervorschoss. Der Name »Tel Aviv« (»Frühlingshügel«), der für die neue Siedlung gewählt wurde, ist übrigens jener Titel, den der Roman »Altneuland« in der hebräischen Übersetzung bekommen hatte.

Herzls Bericht aus der Zukunft, romantisch-naiv und zugleich bis in kleinste technische und wirtschaftliche Details durchdacht, wirkt in manchen Passagen wie ein Reiseführer durch das heute real existierende Israel: »Palmen, hier ein gewöhnlicher Baum, standen überall rechts und links an den Rändern aller Straßen«, und was die staunenden Besucher zunächst für »Paläste« halten, das sind »Bureauhäuser verschiedener europäischer Seehandelsgesellschaften« – da denkt man automatisch an die Glaskästen, die Apple, Intel oder Microsoft sich in Israel hingestellt haben. Am Freitagabend erlahmt der Verkehr, und »der Sabbath senkte sich langsam und feierlich auf die vorhin laute Stadt«. Ganz ähnlich ist die Anmutung in Israel – nach der Hektik der letzten Einkäufe und Erledigungen am Freitagvormittag kommt am

frühen Nachmittag plötzlich alles zur Ruhe, bis dann zu vor-
gerückter Nachtstunde die Jugend zu ihren Vergnügungen
aufbricht.

Die Währung in Altneuland ist, wie in Israel, der Schekel
(so hießen schon die Münzen, mit denen der biblische Abra-
ham bezahlte), der »so viel wie ein französischer Franc« wert
ist. Und »es gibt gar keine kleinen Läden«, weil das unwirt-
schaftlich wäre, sondern nur »Kaufhäuser«, was den Drang
israelischer Unternehmer vorwegzunehmen scheint, die Konsumenten mit Einkaufs-Malls zu beglücken. Eine »Telephon-
zeitung« wirkt wie ein Vorläufer jener Informationstechnolo-
gien, die Israel zur »Start-up-Nation« gemacht haben, inklusive
»Reklame«, die aus den Hörmuscheln kommt und gegen die
der Abonnent »wehrlos« ist. »Das Erträgnis dieser Zeitung ist
kolossal«, denn sie »hat ja weder Druck-, noch Papier-, noch
Zusendungskosten«. Überoptimistisch war Herzl aber mit der
Ansage, in Altneuland, wo ja alles von Grund auf neu gebaut
wurde, habe man »unter unseren Straßen Hohlräume zur Aufnahme aller möglichen schon vorhandenen und noch kom-
menden Drahtleitungen und Röhren für Gas, Wasser und
Kanalisation« vorgesehen. In Israel werden bis heute Fassaden
durch wuchernde Stromdrähte, Gasleitungen, Wasserrohre
und Fernsehkabel verschandelt, und sogar in teuren Vierteln
sind manche Häuser noch nicht an die Kanalisation angeschlossen. »In der Kälteerzeugung«, wie Herzl es ausdrückte,
ist Israel hingegen tatsächlich sehr kompetent, was bei dem
heißen Klima nicht schwer vorherzusehen war. Wohnungen,
Geschäfte, Schulen, Ämter, öffentliche Verkehrsmittel sind
selbstverständlich klimatisiert, und dabei wird so viel des
Guten getan, dass man einen Pullover mitnehmen muss, wenn
man im Sommer ins Kino geht. Von solchen Ansprüchen war
Herzl, der im November 1898 auf der Fahrt von Jaffa nach
Jerusalem furchtbar unter der Hitze gelitten hatte, freilich weit

*Theodor Herzl an seinem Schreibtisch in Wien*

entfernt. In Altneuland hat bloß jede Familie einen »kühlenden Eisblock in der Mitte des Zimmers«, was aber aus der Sicht der vorletzten Jahrhundertwende schon ein Luxus war. Und in Altneuland steht auch »die größte Augenklinik der Welt«, geleitet von einem »Fräulein Doktor Sascha«. Hier ist »schon vielen Menschen das Augenlicht gerettet oder wiedergegeben worden. Es war eine ungeheure Wohltat für die orientalischen Länder. Patienten kommen aus ganz Asien und Nordafrika.« Das war eine Prophezeiung, die auch zeitlich sehr präzise zutreffen sollte, denn schon in den 1920er-Jahren führte der aus Wien eingewanderte Arzt Avraham Ticho in Jerusalem eine Augenklinik. Sie trug viel zur Bekämpfung des Trachoms bei und zog Patienten von weither an, darunter den späteren König Abdallah von Jordanien. Das heutige Israel wird mit dem hohen Niveau seiner Fachärzte, Spitalstechnologie und medizinischen Forschung den Erwartungen Herzls mehr als gerecht. In Altneuland ist am Südufer des Sees Genesareth das »Institut Steineck« für mikrobiologische Forschung errichtet worden, das »dem Pariser Institut Pasteur nachgebildet war«. Heute ist es umgekehrt so, dass das renommierte israelische »Weizmann-Institut« als Modell gilt.

Ein bisschen hochgestapelt war hingegen das »donnernde Brausen«, mit dem Herzl Wasser aus einem zehn Meter breiten und drei Meter tiefen Kanal ins Tote Meer stürzen lässt, das an der niedrigsten Stelle der Erdoberfläche liegt. Aber Herzl hat richtig gesehen, dass durch das Gefälle Strom erzeugt und zugleich das Wasser ersetzt werden kann, das dem Salzsee durch die Entnahme am Oberlauf des Jordan entgeht. Als israelisch-jordanisch-palästinensisches Projekt wird der »Totes-Meer-Kanal« (Herzls Diktion) jetzt gerade Wirklichkeit – anders als in Altneuland wird das Wasser dabei nicht ostwärts aus dem Mittelmeer fließen, sondern nordwärts aus dem Roten Meer, und auch nicht in einem Kanal, sondern in

*Straßenschild (mit Schreibfehler) an der Altneulandstraße in Herzlia*

Rohren. So soll ab 2020 das Austrocknen des Toten Meeres gebremst und zugleich mit dem gewonnenen Strom eine Entsalzungsanlage betrieben werden. Freilich, dass »die Kraft vom Jordangefälle … oder von den Bächen des Libanon« über »großartige Talsperren« den ganzen Judenstaat mit Energie versorgen könnte (»Statt der Kohle haben wir das Wasser«), war eine Fehleinschätzung Herzls.

Damit verknüpft ist die »elektrische Bahn«, die an vielen Stellen des Romans auftaucht, aber noch immer eine Schimäre ist. Israel baut zwar Raketen und Satelliten, hat aber erst in den letzten Jahrzehnten begonnen, sein hoffnungslos rückständiges Bahnwesen zu entwickeln, und die Waggons werden immer noch von Dieselloks gezogen. Erst im März 2018 soll, zwischen Tel Aviv und Jerusalem, die erste elektrifizierte Strecke fertig werden. Herzls Romanfiguren hingegen können im »Salonwagen« nicht nur billig von Haifa nach Nazareth und

189

Tiberias sausen. Die »Schienenstränge« führen auch nach Beirut, Kunetra und Damaskus, und man kann »ja überhaupt ohne den Wagen zu wechseln … von Berlin oder Wien … nach Jerusalem fahren«. Von da hätte man wieder »Anschluß nach Ägypten und Nordafrika«. Herzl hatte erkannt, dass der Judenstaat geografisch »an einer vorzüglichen Stelle dieses Netzes« liegen würde und zu einer Brücke zwischen den Kontinenten werde könnte: »Das weiß doch jedes Kind, daß man nach Asien nicht mehr durch den Suezkanal fährt.« Er ahnte aber nichts vom Dauerkriegszustand mit den Nachbarn, der einen Grenzverkehr unmöglich macht.

Ganz im Gegensatz zu Israel hat Altneuland daher auch keine Armee – die Jugend wird bloß in »Turn- und Schützenvereinen« ertüchtigt, und »alle Mitglieder der neuen Gesellschaft, die männlichen wie die weiblichen, müssen zwei Jahre

*Tel Aviv*

ihres Lebens dem öffentlichen Dienste widmen«. Dass »die Frauen gleichberechtigt mit den Männern« sind, war zu Herzls Lebzeiten ein beinahe revolutionäres Programm, das in Israel relativ gut verwirklicht ist. Den hohen Anspruch, dass es keine professionellen Politiker geben soll (»Im übrigen ist die Politik bei uns kein Geschäft oder Beruf, weder für Männer noch für Frauen«), hat Israel (oder irgendein anderer Staat) allerdings bisher nicht erfüllt. Der opportunistische und fremdenfeindliche Dr. Geyer, Anführer einer »Hetzpartei«, die man heute als rechtsextrem bezeichnen würde, verliert in Altneuland natürlich die Wahlen. Interessant ist dabei, wie die Begriffe sich umgekehrt haben. Dr. Geyer »ist palästinensischer, als wir alle«, wirft ein politischer Gegner ihm vor und meint damit, dass Dr. Geyer übertrieben jüdisch-nationalistisch sei. Als »Palästinenser« wurden zu Herzls Zeiten und noch bis zur Mitte des 20. Jahrhunderts eben die zionistischen Juden bezeichnet, die in der geografischen Region Palästina lebten. Erst ab den 1960er-Jahren wurde es nach und nach gebräuchlich, die in dieser Region lebenden Araber als »Palästinenser« zu definieren. Das war für Herzl unvorhersehbar und wäre für ihn wohl so unbegreiflich gewesen wie für Golda Meir. »Ich bin eine Palästinenserin – von 1921 bis 1948 hatte ich einen palästinensischen Pass«, sagte Israels Ministerpräsidentin noch 1970 in einem Interview.

Herzl, mehr fortschrittsgläubiger Sozialreformator als Nationalist, entwirft einen Judenstaat, in dem die Religion Neben- und Privatsache ist. Die Juden haben in Jerusalem ihren von den Römern zerstörten »großen Tempel« wiedererrichtet, aber Herzl schweigt sich diplomatisch darüber aus, wo genau der Tempel eigentlich steht. Es kann jedenfalls nicht der ursprüngliche Platz auf dem bis heute politisch umstrittenen Tempelberg sein, denn dort prangt weiterhin »die Omarmoschee«. Man sieht »versöhnte Pilgerzüge wallen«, alle respektieren den »sogenannten Status quo«, und die genauen »Besitzverhältnisse dieser von Glauben geheiligten Orte« sind niemandem wichtig. Schön wär's, aber immerhin: War Palästina zu Beginn des 20. Jahrhunderts Teil einer vergessenen, heruntergekommenen Provinz des Osmanischen Reiches, so gibt es heute in Israel wirklich, wie von Herzl prophezeit, »kolossalen Fremdenverkehr, neue Hotels, Massenherbergen und Klöster«. Schließlich ist das Land ja wegen seiner unterschiedlichen Klimazonen, die nicht weit auseinander liegen, prädestiniert für den Tourismus: »Wo finden Sie in der Welt noch ein Land wie unseres, das Ihnen in allen Jahreszeiten den Frühling so nahe erreichbar macht?«, schwärmt Herzl durch den Mund seines Romanhelden David Littwak, der aus Wien eingewandert ist, um beim Aufbau Altneulands zu helfen.

Schwer unterschätzt hat der treuherzige Herzl dabei das Konfliktpotenzial. Die »arabischen Mohammedaner« sehen »diese Juden nicht als Eindringlinge an«, denn der Judenstaat hat den armseligen Dörfern Palästinas »Arbeitsgelegenheit, Nahrung, Wohlergehen« gebracht. »Die Juden haben uns bereichert, warum sollten wir ihnen zürnen?«, sagt der vornehme, sanfte Araber Reschid Bey, der in einer Villengegend auf dem Karmelberg in Haifa wohnt. »Sie leben mit uns wie Brüder, warum sollten wir sie nicht lieben?« In diesem entscheidenden Punkt ist Herzls »Lehrdichtung« ein Märchen geblieben.

# 14

## Legenden, Reflexe, Obsessionen

### Über den irrationalen Umgang mit Israel

**Ben Segenreich**

In Gesprächen über Israel habe ich oft den Vorwurf gehört, die Israelis würden mit der »Antisemitismus-Keule« operieren, einer Waffe, die jede Kritik erschlägt. »Man traut sich ja nicht, etwas gegen Israel zu sagen«, so der Gedankengang, »denn dann wird man automatisch als Antisemit abgestempelt.« Es mag ja sein, dass die Israelis manchmal vorschnell, unreflektiert oder unnötig den Antisemitismus oder den Holocaust in die Debatte werfen, wenn es um irgendwelche nahöstliche Meinungsverschiedenheiten geht. Aber das geschieht eher nicht »automatisch«, und zuweilen kann es ja gerechtfertigt sein. In Wahrheit gibt es keine »Antisemitismus-Keule«, dafür aber eine »Antisemitismuskeulen-Keule«, mit der die Israelis geprügelt werden. Im Keulen-Vorwurf ist nämlich die Aussage eingebaut, die Israelis hätten nie brauchbare Argumente, weswegen sie sich eben »immer« damit behelfen würden, Kritik als antisemitisch vom Tisch zu wischen. Wenn das so ist, dann braucht man den Israelis natürlich gar nicht erst zuzuhören, denn sie reden ja nie zur Sache. Mit der »Antisemitismuskeulen-Keule« wird also von den Israelis verlangt, sie sollten jede »Kritik«, auch wenn sie noch so unfair oder gehässig ist, demütig und stillschweigend hinnehmen. Aber Keule beiseite: Die Behauptung, dass man Israel nicht kritisieren dürfe, ist skurril, denn Israel ist gefühlt das meistkritisierte Land der

Welt, sicher gemessen an seiner Größe oder Bedeutung. Das geht so weit, dass »Israel-Kritik« sogar ein eigener Begriff ist, um nicht zu sagen eine eigene Disziplin.

Eine Art Lehrveranstaltung in dieser Disziplin hielt etwa Mahmud Abbas am 23. Juni 2016 in Brüssel ab, als er vor dem Plenum des Europaparlaments eine Rede hielt. Der Palästinenserpräsident sprach dabei die folgenden Sätze: »Erst vor einer Woche sind einige Rabbiner in Israel aufgestanden und haben eine klare Erklärung veröffentlicht, in der sie von der Regierung fordern, das Wasser zu vergiften, um Palästinenser zu töten. Ist das keine klare Verhetzung zum kollektiven Mord am palästinensischen Volk?« Die Anschuldigung war gespenstisch und schockierend. Noch gespenstischer und schockierender war, dass es am Ende der Rede stehende Ovationen der EU-Abgeordneten gab, die noch nicht wissen konnten, dass die palästinensische Präsidentenkanzlei am Tag danach die Anschuldigung als »ohne Grundlage« wieder zurücknehmen würde. Gewiss, Abbas hatte in dieser Rede auch Dinge gesagt, die in europäischen Ohren gut klingen und aus europäischer Sicht Applaus verdient hatten. Aber die Parlamentarier hätten doch ein Sensorium für das haben müssen, was hier mitschwang – nämlich ein Nachhall der mittelalterlichen Brunnenvergiftungslegenden, also klassische Judenfeindschaft europäischer Prägung. So etwas hätten geschichts- und verantwortungsbewusste europäische Führungspersönlichkeiten nicht hinnehmen oder gar bejubeln dürfen, egal, in welcher Verpackung es dahergekommen ist. Und nein, wenn man europäische Politiker wegen so eines Verhaltens tadelt, dann ist das berechtigt und bedeutet *nicht*, dass man sie mit einer Antisemitismus-Keule verfolgt.

Es war ein ziemlich unappetitlicher Vorfall, aber überraschend war er nicht. In vielen Hirnen oder Herzen waltet offenbar ein Drang, von Israel Böses zu erwarten. Man kann

Israel natürlich viel vorwerfen: über die Jahrzehnte bis in die Gegenwart hinein begangene Fehler bei politischen Entscheidungen oder militärischen Unternehmen, vom falschen Ton über unverhältnismäßige Reaktionen bis hin zu vielleicht rechtswidrigen Handlungen, sei es gegenüber eigenen Minderheiten, regionalen Nachbarn oder sogar befreundeten Ländern. All das muss besprochen und kritisiert werden. Aber man sollte darüber den Blick für den Grund-Kontext nicht verlieren. Israel ist eine stabile Demokratie, ein liberales Kunterbunt von Kulturen und Religionen. Das Land hat ein funktionierendes Rechtssystem, hyperkritische Medien, westlich-humanitäre Werte. Und das müsste einem westlichen, demokratisch gesinnten Publikum doch von vornherein einmal recht sympathisch sein. Gegen Israel aufgestellt sind hingegen Kräfte, von der Fatah über die islamisch-fundamentalistischen Organisationen bis hin zum Iran, die ultranationalistische bis faschistische Programme haben, einen Gewalt- und Todeskult betreiben, Kinder verhetzen, Frauen unterdrücken. Was gefällt so vielen Menschen in der westlichen Welt daran? Wieso gibt es in Debatten, in den Medien, in internationalen Organisationen reflexartig Verständnis und Nachsicht für Israels Feinde, während Israel als aggressiv, rachsüchtig und räuberisch abgestempelt ist und regelmäßig abgemahnt wird?

## Etwas liegt schief

Hier liegt etwas völlig schief, und das lässt sich mit einem endlosen Katalog von kuriosen bis haarsträubenden Beispielen belegen. Ein wirklich harter Brocken ist etwa die (wenn auch schon einige Jahre zurückliegende) Umfrage, die ergeben hat, dass die EU-Bürgerinnen und -Bürger ausgerechnet

Israel als »größte Gefahr für den Weltfrieden« einstufen – noch vor Nordkorea und Iran. Man kann sich nicht damit trösten, dass diese Überzeugung vielleicht nur bei der oberflächlich informierten und unscharf denkenden Masse verbreitet wäre, denn sie wurde ja etwa von einer intellektuellen Elitefigur wie Günter Grass geteilt. Und sie herrscht offenbar auch in der UNO vor, die doch der unparteiische Wegweiser zu Moral und Gerechtigkeit sein sollte. Der UN-Menschenrechtsrat (UNHRC) spricht gegen Israel allein mehr Verurteilungen aus als gegen alle anderen Staaten der Welt zusammen genommen. Der von dem Rat eingesetzte »Spezielle Berichterstatter über die Menschenrechtssituation in den palästinensischen Gebieten« hat das Mandat, nicht etwa allen Konfliktparteien gleichermaßen auf die Finger zu sehen, sondern von vornherein nur »Israels Verletzungen« des internationalen Rechts zu untersuchen. Eine spektakuläre Disproportionalität spiegelt auch der Umstand wider, dass die UNO genau zwei Flüchtlingshilfswerke hat: eines (UNRWA) für die Palästinenser, ein zweites (UNHCR) für alle anderen Flüchtlinge auf der Erdkugel. Könnte das etwas damit zu tun haben, dass die Palästinenser etwas mit Israel zu tun haben? Die UNESCO, die laut ihrer eigenen Verfassung »Wissen bewahren, erweitern und verbreiten« soll, bringt es fertig, jegliche Verbindung zwischen dem Judentum und dem Tempelberg in Jerusalem auszuradieren. Die einzige geografische Region, mit der die Jahresversammlung der Weltgesundheitsorganisation (WHO) sich spezifisch befasst, ist »das besetzte palästinensische Territorium, einschließlich Ostjerusalems, und der besetzte syrische Golan« – mit der Implikation, dass Israel als einziges Land der Welt für eine »gesundheitliche Bedrohung der Zivilbevölkerung« zur Verantwortung gezogen werden müsse. Und auch die UN-Kommission für den Status der Frau greift nur Israel heraus, verurteilt die »fortgesetzten illegalen israelischen Praktiken« und suggeriert damit, dass von allen Ländern der Welt ausgerechnet Israel die Frauen am schlimmsten unterdrückt.

## Getriebenheit

Man darf natürlich die UNO nicht zu ernst nehmen – sie ist zwar in den Augen vieler noch immer eine Art sakrosanktes Oberschiedsgericht, aber sie ist zugleich ein von einer Mehrheit nichtdemokratischer, zum Teil schurkischer Staaten gemanagter Zirkus. Doch auch ein Hort der reinen Demokratie wie die Europäische Union hat es irgendwie mit Israel. Ende 2015 hat die EU-Kommission etwa eine »interpretative Notiz« über die Kennzeichnung von israelischen Produkten aus dem Westjordanland, Ostjerusalem und den Golanhöhen veröffentlicht. Die Israelis waren entrüstet und interpretierten die Kennzeichnung als »Boykott«-Maßnahme. Damit war Israel grundsätzlich im Unrecht, denn es ist durchaus plausibel, wenn die EU argumentiert, dass sie ihre Konsumenten schützen müsse. Der Kunde hat ja wirklich einen Anspruch darauf, zu erfahren, in welchem Palmengarten die Datteln gewachsen sind, die er in Brüssel oder Wien im Supermarkt kauft – und wenn sie aus einer Siedlung im Westjordanland kommen, dann kann eben nicht »Made in Israel« draufstehen, denn selbst nach israelischer Auffassung ist ja das Westjordanland kein Teil des Staates Israel. Das Problem ist bloß, dass auch hier wieder Israel eine Sonderbehandlung erfahren hat. Es gibt viele umstrittene Territorien in der Welt, etwa die Westsahara, Nordzypern, Tibet oder neuerdings die Krim, aber die Mühe, eine Kennzeichnungsrichtlinie zu erarbeiten, hat die EU sich ausschließlich für von Israelis produzierte Waren gemacht. Im Übrigen kann keiner der Beteiligten ernsthaft daran glauben, dass es der EU dabei wirklich um Konsumentenschutz geht – natürlich sollte mit der Entscheidung Israel politisch unter Druck gesetzt werden.

Diese Einstellung von Organisationen und Behörden muss irgendwie mit jener rational nicht nachvollziehbaren Getriebenheit verknüpft sein, die oft den Zugang von Medien zu Israel steuert. Auch hierfür gibt es eine unendlich lange Liste von Beispielen. Monoton bringt etwa die einzige österreichische Nachrichtenagentur immer wieder Meldungen mit Titeln wie diesem: »Israels Luftwaffe griff erneut Hamas-Stellungen im Gasastreifen an«. Dazu muss man wissen, dass Israel in den letzten Jahren Hamas-Stellungen nur als Reaktion darauf angegriffen hat, dass zuvor Raketen auf Israel abgefeuert wurden. Die Raketen, mit denen der »Schlagabtausch« beginnt, kommen aber frühestens im Untertitel vor, manchmal sind sie bloß irgendwo unten im Text versteckt. Und die palästinensischen Raketenangriffe für sich werden so gut wie nie zum Anlass für eine Meldung genommen. Die Medienmischmaschine beginnt sich also erst dann zu drehen, wenn Israel reagiert – und so wird in den Köpfen eine Vertauschung von Ursache und Wirkung einzementiert. Noch krasser ist diese routinemäßige Schubumkehr bei jenen Meldungen, die seit dem Sommer 2015 die Welle palästinensischer Anschläge in Israel und im Westjordanland begleitet haben. »Drei Palästinenser bei Anschlägen in Hebron getötet«, lautete etwa am 14. März 2016 eine verblüffende Titelzeile derselben Nachrichtenagentur. Das kann doch wohl nur bedeuten, dass drei Palästinenser Opfer von Anschlägen geworden sind, oder? In Wahrheit hatten aber zwei palästinensische Attentäter Passanten an einer Bushaltestelle mit Schusswaffen angegriffen, und ein Palästinenser hatte sein Auto in ein Militärfahrzeug gerammt. Die Agenturmeldungen sind die erste und in der Eile oft die einzige Quelle für die Zeitungs-, Radio- und Fernsehredaktionen und färben auf sie ab. Als im Juni 2016 zwei Palästinenser in einem Restaurant in Tel Aviv mit automatischen Waffen um sich schossen und vier Menschen töteten, bekam ein österreichischer Fernsehbericht über diesen Anschlag doch tatsächlich die Headline: »Armee marschiert auf« – womit der eher unbedeutende Aspekt, dass Israel nach dem Anschlag vorübergehend zusätzliche Soldaten im Westjordanland stationierte, in den Mittelpunkt gerückt und aufgebauscht wurde. Ein länger zurückliegender Fall von »editorializing« ist mir im Gedächtnis geblieben, weil er so besonders krass war und weil ich selbst dabei eine Neben-, wenn nicht gar eine Opferrolle spielte. Bei einem Live-Gespräch in einem Radio-Journal fragte mich der Moderator: »Wie soll der Konflikt gelöst werden, solange die Israelis die Palästinenser behandeln wie geprügelte Hunde?« – eine komprimierte Kombination von Anklage und Urteil, die jede weitere Analyse überflüssig machte. Die Formulierung wäre schon in einem Korrespondentenbericht unzulässig, von einem Moderator, der ja bloß nüchtern zum eigentlichen Informationslieferanten hinleiten soll und sicher keine Meinung ausdrücken darf, war sie einfach atemberaubend. Ich hoffe, ich habe auf die Frage sachlich geantwortet – ich weiß nur noch, dass ich vor meiner Antwort tief Luft geholt habe.

## »Der Nahostkonflikt«?

Es sind verwirrte, verirrte Formulierungen, die Desinformation transportieren, unzulässig nach Kriterien des Journalismus, ja des gesunden Menschenverstands. Aber sie sind so alltäglich, dass die Unsinnigkeit nicht mehr auffällt. Sie entsprechen einfach dem, was man von Israel zu denken und zu hören gewohnt ist, und es ist nicht zu ergründen, wer da wohl wem ständig nachredet: das Publikum den Medien, die Medien den Politikern, die Politiker dem Publikum? Die Fabrikationsfehler sind auf zugleich subtile und umfassende Art schon in die Basisterminologie eingebaut, die man ohne viel Nachdenken gebraucht. Seit Jahrzehnten sagen etwa Politiker, Medien und Publikum »der Nahostkonflikt«, wenn sie den israelisch-palästinensischen Konflikt meinen. Und man sagt auch jetzt immer noch »der Nahostkonflikt«, obwohl doch spätestens seit dem Beginn des »Arabischen Frühlings« jeder mitbekommen haben müsste, dass es im Nahen Osten nicht nur *einen* Konflikt gibt. Der Ausdruck »der Nahostkonflikt« ignoriert zwar die Realität, aber er suggeriert Zentralität. Er trägt eine Wunschdenk-Botschaft in sich: Lasst uns nur Israelis und Palästinenser zusammenführen, dann bricht der Friede im Nahen Osten und in der ganzen Welt aus. Die Illusion ist so tröstlich, dass man sie nicht und nicht aufgeben will, und sie hilft, von den größeren Problemen abzulenken. Am 15. Jänner 2017 versammelten sich in Paris die Vertreter von nicht weniger als 70 Staaten und Organisationen zu einer Veranstaltung, die den Titel »Konferenz für den Frieden im Nahen Osten« bekommen hatte. Der »Frieden im Nahen Osten« ist ein Ziel, das wirklich jeden Aufwand wert ist. Um ihn herzustellen, müsste man zunächst etwa das Schlachten in Syrien und im Irak, den Krieg im Jemen, das Chaos im Sinai und in Libyen beenden. Doch bei der Konferenz in Paris wurde ausschließlich über Israel und die Palästinenser gesprochen.

Natürlich wäre es ein großes Glück, wenn der israelisch-palästinensische Konflikt beendet werden könnte. Aber »*der* Nahostkonflikt«, wenn man den Terminus unbedingt verwenden will, ist heute, gemessen an der Opferzahl, den geopolitischen Auswirkungen und dem Gefahrenpotenzial, jener zwischen Sunniten und Schiiten. Die Obsession mit Israel, unterlegt mit Applaus für Brunnenvergiftungslegenden, wird die Probleme in der Region nicht lösen, geschweige denn jene Europas und der ganzen Menschheit.

# 15

## Nachwort

### Daniela Segenreich

Beim nachträglichen Durchlesen der Beiträge, die ich geschrieben habe, wurde mir bewusst, dass bedrückende Themen, wie Kriege und Anschläge, dominieren. In einem der ersten Kapitel wollte ich darüber schreiben, wie dieser Staat entstanden ist und wie man hier lebt, doch der Text transformierte sich, ohne dass ich es geplant hatte, in ein Zeitzeugnis über den Holocaust. Shoshanas Geschichte hat mich sehr berührt, vielleicht auch deswegen, weil auch meine eigene Mutter in einem Viehwaggon in ein Konzentrationslager gebracht wurde ... Aber eigentlich ging es mir vor allem darum, wie man dennoch weitermachen, kreativ und positiv sein und sogar einen Staat aus dem Boden stampfen kann. Denn all diese Schwernisse sind bei Weitem nicht das Einzige, das Israel charakterisiert. Wenn ich an die Israelis denke, dann sehe ich enorm viel Lebensfreude, Lebenslust, Kreativität, Energie und Wärme. Israel ist ein junges, mediterranes Land, und speziell Tel Aviv ist eine Stadt, in der – oft mit den einfachsten Mitteln – viel gefeiert, gut gegessen und gut und gerne gelebt wird. Vielleicht gerade deswegen, weil womöglich schon der nächste Krieg um die Ecke lauert.

Viele Kapitel in diesem Buch erzählen von unseren beruflichen und persönlichen Erlebnissen, Begegnungen und Eindrücken in Israel. Sie sind natürlich nur eine Auswahl, um nicht zu sagen eine Kostprobe, und können weder die vielen Eigenarten und Charakteristika dieses Landes noch unser

Leben hier vollständig darstellen. Dazu bräuchte es wohl ein vielbändiges Großwerk. Vielmehr sollen sie kurze Einblicke in das Leben und auf die Menschen hier ermöglichen.

Das Schreiben war in gewisser Weise auch eine Rückschau auf unsere Zeit in diesem Land, und beim Durchschauen alter Fotos und Artikel kamen viele Erinnerungen auf. Vieles ist in den letzten 30 Jahren gleich geblieben, darunter leider auch der Konflikt mit den Palästinensern. Und auch die Mentalität der Israelis ist unverändert. Sie halten sich weiterhin an das Motto »Jihije beSeder« – »Es wird schon in Ordnung sein« – und erledigen oder improvisieren immer alles erst in letzter Minute. Und sie sind auch weiterhin offen- und warmherzig, wenn sie auch nicht mehr wie einst, als das ganze Land einem großen Kibbuz glich, ihre Wohnungstüren einfach unversperrt lassen. Die hohe Luftfeuchtigkeit im August überrascht uns seit drei Jahrzehnten jedes Jahr von Neuem, und auch die Eisverkäufer, die mit ihren um die Schulter gehängten schweren Kühltruhen im Sand waten und ihre Ware lauthals an den Stränden anpreisen, gibt es immer noch.

Doch vieles hat sich auch verändert, vor allem, was das Savoir-vivre betrifft. Als ich hierherkam, musste ich beinahe alles, vom Kaffee bis zur Seife, mitbringen, denn die Auswahl an Konsumgütern für den täglichen Gebrauch war äußerst beschränkt. Ich sehnte mich nicht nur nach gutem Theater und deutschsprachiger Literatur, nach dem Grün, dem frischen Wasser und den Bergen, sondern auch nach einem guten Espresso und den österreichischen Mehlspeisen. Damals war der Staat erst 40 Jahre jung, und für Luxusgüter, und dazu zählten aus hiesiger Sicht die meisten ausländischen Produkte, gab es weder Zeit noch Geld. Heute findet man in Israel hervorragendes Design und eine viel gerühmte und immer wieder imitierte Küche, und man kann hier beinahe alle Produkte erwerben, die es auch in anderen westlichen Ländern gibt.

Diese Weltoffenheit ist wohl dem steigenden Lebensstandard und dem Internet zu verdanken. Und natürlich hat auch das enorme Bevölkerungswachstum, das auf die stetige Einwanderung und die (relativ zu Europa) immer noch hohe Geburtenrate zurückzuführen ist, seine Auswirkung auf die Entwicklung des jungen Staates. In Israel und in Österreich leben gegenwärtig mit je 8,7 Millionen in etwa gleich viele Menschen. Doch während Österreichs Bevölkerung in den letzten 30 Jahren nur um knapp mehr als eine Million gewachsen ist, hat sich in Israel die Anzahl der Einwohner beinahe verdoppelt.

Das Leben in Israel ist also recht gut. Zwar wächst die Kluft zwischen Arm und Reich, doch die Wirtschaft boomt. Wie lange es die Bevölkerung jedoch noch aushalten wird, alle paar Jahre in einen Krieg verwickelt zu sein, ist nicht klar. Israels Gründervater David Ben-Gurion hat noch, als er schon »pensioniert« war und eigentlich mit Befriedigung auf die Aufbauleistung hätte zurückschauen können, gesagt: »Dieses Land existiert noch nicht richtig, es ist erst der Anfang.« Ich würde dem hinzufügen: Dieser Staat ist ein Experiment, das noch nicht abgeschlossen ist. Wir wissen noch nicht, wie es ausgehen wird ...

# Zeittafel

**1896:** Der Wiener Journalist Theodor Herzl veröffentlicht die Programmschrift »Der Judenstaat«.

**1917:** In der »Balfour-Deklaration« befürwortet die britische Regierung »die Errichtung einer nationalen Heimstätte für das jüdische Volk in Palästina«.

**1922:** Der Völkerbund überträgt an Großbritannien ein »Mandat für Palästina« mit dem Auftrag zur »Errichtung einer nationalen Heimstätte für das jüdische Volk in Palästina«.

**1923:** Transjordanien wird vom britischen Mandatsgebiet Palästina abgetrennt. Damit werden 77 Prozent des Gebiets den Arabern überlassen.

**1947:** Die Vollversammlung der UNO beschließt die Teilung des verbliebenen Mandatsgebiets Palästina in einen arabischen und einen jüdischen Staat. Der Beschluss wird von der jüdischen Seite begrüßt und von der arabischen Seite abgelehnt.

**1948:** Gleichzeitig mit dem Abzug der britischen Mandatstruppen ruft David Ben-Gurion am 14. Mai den Staat Israel aus. Am selben Tag greifen Truppen von sechs arabischen Staaten Israel an.

**1949:** Israels »Unabhängigkeitskrieg« endet mit separaten Waffenstillstandsverträgen zwischen Israel und Ägypten, dem Libanon, Jordanien und Syrien. Israel beherrscht ein Gebiet, das größer ist als jenes, auf dem laut UNO-Beschluss der jüdische Staat entstehen sollte. Jordanien beherrscht das Westjordanland und Ostjerusalem, Ägypten den Gasastreifen. Die 1949 entstandenen Waffenstillstandslinien haben bis Juni 1967 Gültigkeit und werden irreführend als »Grenzen von 1967« bezeichnet.

**1964:** In Ostjerusalem wird die »Organisation für die Befreiung Palästinas« (PLO) gegründet. Ihr Ziel ist der »bewaffnete Kampf« gegen Israel, dessen Errichtung als »null und nichtig« bezeichnet wird.

**1967:** Ägyptens Präsident Gamal Abdel Nasser schließt mit anderen arabischen Staaten Militärbündnisse gegen Israel. Im Mai erzwingt Nasser den Abzug der UNO-Grenztruppen aus dem Sinai und blockiert den Golf von Aqaba. Am 5. Juni greift die israelische Luftwaffe Ägypten an. Am 11. Juni ist der »Sechstagekrieg« beendet. Israel hat den Ägyptern die Sinai-Halbinsel und den Gasastreifen abgenommen, den Jordaniern das Westjordanland und Ostjerusalem, den Syrern den Großteil der Golan-Höhen.

**1973:** Am höchsten jüdischen Feiertag, dem »Jom Kippur«, greifen Ägypten und Syrien überraschend Israel an. Israel gerät in Bedrängnis, kann die feindlichen Truppen aber zurückdrängen.

**1977:** Der ägyptische Präsident Anwar Sadat besucht als erster arabischer Staatschef Israel.

**1979:** Ägypten und Israel schließen einen Friedensvertrag. Israel wird bis 1982 schrittweise die Sinai-Halbinsel an Ägypten zurückgeben.

**1982:** Nachdem Nordisrael aus dem Libanon mit Raketen beschossen und der israelische Botschafter in London bei einem Anschlag schwer verletzt worden war, dringen israelische Truppen im Juni in den Libanon ein, um dort die Infrastruktur der PLO zu zerstören. Es ist der Beginn des ersten Libanonkrieges.

**1987:** Zunächst im Gasastreifen und dann im Westjordanland beginnt ein Aufstand der Palästinenser, der die Bezeichnung »Intifada« bekommen wird.

**1990:** Mit dem Zerfall der Sowjetunion läuft eine Masseneinwanderung nach Israel an. Bis zum Ende des Jahrzehnts wird Israel rund 900 000 frühere Sowjetjuden und Angehörige von früheren Sowjetjuden aufnehmen. Das entspricht einem Bevölkerungszuwachs von rund 18 Prozent.

**1991:** Als eine von den USA geführte Koalition den Irak angreift, schießt der Irak ballistische Raketen auf israelische Städte ab. An die Bevölkerung wurden zuvor Gasmasken verteilt, weil man befürchtete, dass der Irak chemische Gefechtsköpfe einsetzen könnte. Insgesamt schlagen im Januar und Februar 39 Raketen in Israel ein. Israel beteiligt sich nicht an dem Krieg.

**1993:** Nach lange geheim gehaltenen Verhandlungen unterzeichnen Israel und die PLO in Washington einen Vertrag (»Oslo-Abkommen«). Vereinbart wird die Einrichtung eines von einer Palästinensischen Behörde verwalteten Autonomiegebiets im Westjordanland und im Gasastreifen, das schrittweise erweitert werden soll. Parallel sollen Verhandlungen aufgenommen werden, die binnen längstens fünf Jahren zu einer »permanenten Regelung« führen sollen.

**1994:** Als zweites arabisches Land schließt Jordanien mit Israel einen Friedensvertrag.

**1995:** Der israelische Ministerpräsident Jizchak Rabin wird in Tel Aviv von einem fanatisch nationalistischen jüdischen Studenten erschossen.

**2000:** Im Mai zieht Israel seine Truppen aus dem Südlibanon ab. Im Juli scheitern in Camp David Verhandlungen zwischen Israels Ministerpräsidenten Ehud Barak und PLO-Chef Jassir Arafat, die als letzter Versuch galten, sich auf eine »permanente Regelung« zu einigen. Im September beginnt ein neuerlicher Palästinenseraufstand, die zweite Intifada.

**2005:** Israel löst alle seine Siedlungen im Gasastreifen auf und zieht seine Truppen aus dem Gebiet ab.

**2006:** Nach der Entführung zweier israelischer Soldaten durch die libanesische Schiitenmiliz Hisbollah am 12. Juli dringen israelische Truppen in den Libanon ein. Es ist der Beginn des zweiten Libanonkrieges, der am 14. August durch einen Waffenstillstand beendet wird.

**2007:** Nach Kämpfen mit der nationalistischen Fatah-Gruppe reißt die radikalislamische Palästinensergruppe Hamas im Gasastreifen die Macht an sich.

**2008/2009:** Zur Jahreswende kommt es zu einem 22 Tage dauernden Krieg zwischen Israel und der Hamas.

**2012:** Im November tragen Israel und die Hamas einen Krieg aus, der nach einer Woche beendet wird.

**2014:** Nach massiven Raketen-Angriffen der Hamas kommt es im Juli zu einem Krieg, der sieben Wochen dauert.

# Glossar

*Aschkenasische Juden:* Als aschkenasisch werden die Nachkommen jener Juden bezeichnet, die seit dem Mittelalter in Mittel- und Osteuropa gelebt haben. Alle nichtaschkenasischen Juden werden unter dem Begriff »orientalische Juden« zusammengefasst. Die Vorfahren der orientalischen Juden lebten in so unterschiedlichen Weltgegenden wie etwa Nordafrika, Jemen, Irak, Iran oder Zentralasien. Eine Untergruppe der orientalischen Juden bilden die sephardischen (»spanischen«) Juden. Sie sind die Nachkommen jener Juden, die im 15. und 16. Jahrhundert von der Iberischen Halbinsel vertrieben wurden und sich zum großen Teil in Nordafrika, aber etwa auch in der Türkei, Bulgarien, den Niederlanden und Norddeutschland niederließen.

*Fatah:* 1959 von Jassir Arafat und anderen Exil-Palästinensern als Guerillagruppe mit dem Ziel der »vollständigen Befreiung Palästinas« gegründet, ist die Fatah seit 1967 die dominante Kraft in der palästinensischen Dachorganisation PLO (»Palestine Liberation Organization«). Die aufgrund des Autonomie-Abkommens mit Israel gewählten bisherigen Präsidenten der Palästinensischen Behörde, Jassir Arafat (1996–2004) und Mahmud Abbas (seit 2004), wurden von der Fatah gestellt.

*Gasastreifen:* Ein Küstenstreifen um die Stadt Gasa am Mittelmeer, der zum britischen Mandatsgebiet Palästina gehörte und im Verlaufe des Krieges 1948/49 von Ägypten besetzt wurde. Im Sechstagekrieg von 1967 wurde der Gasastreifen von Israel erobert. Aufgrund des Oslo-Vertrags von 1993 entstanden in dem Gebiet palästinensische Autonomie-zonen. 2005 zogen die Israelis ihre Truppen und Siedler aus dem Gasastreifen ab. 2007 übernahm dort die radikalisla-mische Hamas nach einem innerpalästinensischen Bürger-krieg die Macht.

*Grüne Linie:* »Grüne Linie« ist eine umgangssprachlich in Israel gebräuchliche Bezeichnung der Trennlinie zwischen Israel und dem Westjordanland sowie zwischen West- und Ostjerusalem. International werden dafür die etwas irrefüh-renden Bezeichnungen »Linie von 1967« und »Grenze von 1967« verwendet. Gemeint ist die Linie des Waffenstill-stands, der von 1949 bis zum Sechstagekrieg vom Juni 1967 zwischen Israelis und Jordaniern gegolten hat.

*Hakoah:* Der 1909 in Wien gegründete SC Hakoah entwickelte sich in der Zwischenkriegszeit zum erfolgreichsten jüdi-schen Sportverein der Geschichte und hatte in jener Periode eine betont zionistische Ausrichtung. Nach der Zerschla-gung durch die Nazis wurde der Verein 1945 wiedergegrün-det. Das Wort »Hakoach« (auszusprechen mit gutturalem »ch«) bedeutet auf Hebräisch »Die Kraft«.

*Hamas:* Die Hamas (Akronym für »Islamische Widerstands-bewegung«) ist eine 1987 gegründete radikal-islamische pa-lästinensische Terrororganisation, die laut ihrer Charta die »Herrschaft des Islam« zum Ziel hat und jegliche Verhand-lungen mit Israel ablehnt. Seit 2006 beteiligt sich die Hamas an Wahlen im palästinensischen Autonomiegebiet. In die-sem Jahr erhielt sie die absolute Mehrheit der Mandate im palästinensischen Parlament.

*Hisbollah:* Die Hisbollah (»Partei Gottes«) ist eine radikale schiitische Bewegung im Libanon, die von der Arabischen Liga, Israel, Kanada und den USA als Terrororganisation eingestuft wird. Die Hisbollah gilt als Werkzeug des Iran, von dem sie Geld und Waffen erhält. Sie ist im libanesischen Parlament vertreten und an der Regierung beteiligt, zugleich unterhält sie eine mit schweren Waffen ausgerüstete, einige Tausend Mann starke Miliz. Weil die Hisbollah ein Arsenal von vermutlich 130 000 Raketen aufgebaut hat, sieht Israel in ihr gegenwärtig den gefährlichsten seiner Feinde.

*Holocaust:* Das aus dem Griechischen stammende Wort Holocaust ist seit den 1970er-Jahren als Bezeichnung für die Verfolgung und Ermordung der Juden durch die Nazis und ihre Helfer verbreitet.

*Intifada:* Intifada ist ein arabisches Wort, das den Begriffen »Erhebung« oder »Abschütteln« nahesteht. Die Palästinenser bezeichnen damit zwei Aufstände gegen Israel. Die erste Intifada begann im Dezember 1987 und dauerte bis 1993. Die zweite Intifada dauerte von September 2000 bis 2005.

*Jecke:* »Jecke« (Mehrzahl »Jeckes«) ist in Israel eine gängige Bezeichnung für einen Juden aus Deutschland. Im übertragenen Sinn ist es eine meist abschätzig und nur manchmal anerkennend gemeinte Bezeichnung für einen pedantischen Menschen, der keine Kompromisse macht. Eine mögliche Erklärung für die Herkunft des Begriffs liegt darin, dass die Einwanderer aus Deutschland auch im heißen, saloppen Israel immer ein Sakko (Jacke) trugen.

*Jom Haschoah:* Bedeutet wörtlich »Tag der Schoah« und bezeichnet den in Israel jährlich begangenen Holocaust-Gedenktag. Die offizielle Bezeichnung lautet übersetzt »Tag des Gedenkens an Holocaust und Heldentum«. Das hebräische Datum wurde von jenem des Aufstands im Warschauer Ghetto abgeleitet und fällt meist in den April.

*Jom Hasikaron:* Bedeutet wörtlich »Tag des Gedenkens« und bezeichnet den in Israel jährlich begangenen Tag der Erinnerung an die Kriegsgefallenen und Terroropfer. Unmittelbar auf den Jom Hasikaron folgt immer der »Unabhängigkeitstag«, der Israels Nationalfeiertag ist.

*Jom Kippur:* Bedeutet wörtlich »Tag der Sühne« und ist der höchste jüdische Feiertag, im Deutschen meist als »Versöhnungstag« bezeichnet. Jom Kippur ist ein strenger Ruhe- und Fasttag, an dem der Mensch in sich gehen, seine Sünden bereuen und Umkehr üben soll.

*Jugend-Aliah:* Mit dem hebräischen Wort »Aliah« (wörtlich »Aufstieg«) wird die Einwanderung von Juden nach Israel bezeichnet. Jugend-Aliah war der Name einer Organisation, die während der Nazizeit und unmittelbar danach jüdische Kinder und Jugendliche aus Europa in das damalige britische Mandatsgebiet Palästina schickte.

*Kibbuz:* Ein Kibbuz (Mehrzahl Kibbuzim) ist eine landwirtschaftliche Kollektivsiedlung. Das ursprüngliche radikalsozialistische Konzept, das etwa jeglichen Privatbesitz ausschloss, wurde in den letzten Jahrzehnten gelockert. In den Perioden vor und unmittelbar nach der Staatsgründung hatten Kibbuzim wichtige Funktionen bei der Aufnahme der Einwanderer sowie bei der Überwachung und Verteidigung der Grenzen.

*Knesset:* Das israelische Parlament in Jerusalem

*Likud:* Eine national gesinnte israelische Mitte-Rechtspartei, die mit Menachem Begin, Jizchak Schamir, Ariel Scharon und Benjamin Netanjahu bisher vier Ministerpräsidenten gestellt hat. Der Likud (wörtlich »Zusammenschluss«) ging aus der Partei Cherut hervor, die nach der Staatsgründung 1948 die Fortsetzung des vorstaatlichen »revisionistischen« Zweigs des Zionismus verkörpert hatte. Die rechtsgerichteten »Revisionisten« hatten sich 1935 von der Zionistischen Weltorganisation abgespalten, in der Sozialisten und Liberale dominierten.

*Maccabia:* Die Maccabia (Mehrzahl Maccabiot) oder Maccabiade, erstmals 1932 in Tel Aviv veranstaltet, ist das Weltfest der jüdischen Sportler, oft auch als jüdische Olympische Spiele bezeichnet. Sie wird alle vier Jahre in Israel abgehalten. Seit 1979 werden in europäischen Städten auch regelmäßig europäische Maccabiot abgehalten.

*Mapai:* Die 1930 gegründete Mapai war die zentrale Partei der zionistischen Arbeiterbewegung. Das Wort Mapai ist das Akronym für »Mifleget Poalei Eretz Israel« (»Partei der Arbeiter des Landes Israel«). Aus einem Zusammenschluss der Mapai mit zwei kleineren Parteien ging 1968 die heute im israelischen Parlament vertretene Arbeitspartei (»Mifleget Haavoda Haisraelit«, kurz »Haavoda«) hervor.

*Matza, Matzes:* Matza (Mehrzahl Matzot), in der jiddischen Aussprache Matze (Mehrzahl Matzes), bezeichnet das ungesäuerte flache Brot, das Juden während der Pessach-Feiertage essen.

*Moschav:* Ein Moschav (Mehrzahl Moschavim) ist eine genossenschaftliche Landwirtschaftssiedlung, in der die Produktionsgüter kollektives Eigentum sind.

*Palästina:* Nach der endgültigen Niederschlagung des jüdischen Aufstands benannten die Römer im 2. Jahrhundert die Provinz Judäa in Palästina um. Im Laufe der Jahrhunderte wurde Palästina zu einer vagen geografischen Bezeichnung für eine von immer wieder neuen Eroberern beherrschte Region ohne definierte Grenzen. Eine politische Definition erhielt der Begriff erstmals durch das Mandat für Palästina, das der Völkerbund 1920 an Großbritannien übertrug. Das britische Mandatsgebiet Palästina umfasste die Territorien, auf denen heute Israel, Jordanien, das Westjordanland und der Gasastreifen liegen. Zur Zeit der britischen Verwaltung, die bis 1948 währte, wurden die jüdischen und arabischen Bürger in einem technischen, nichtnationalen Sinn als Palästinenser bezeichnet. Araber, die auf dem Boden des früheren britischen Mandatsgebiets Palästina beheimatet sind, nennen sich seit etwa der Mitte des 20. Jahrhunderts Palästinenser und fordern die Errichtung eines arabischen Staates Palästina.

*Palästinensische Behörde:* Aufgrund des am 13. September 1993 unterzeichneten Vertrags (»Oslo-Vertrag«) zwischen Israel und der Palästinensischen Befreiungsorganisation PLO wurde eine Palästinensische Behörde (Palestinian Authority) geschaffen, welche die palästinensischen Autonomiegebiete im Westjordanland und im Gasastreifen verwaltet.

*Pessach:* Das im Frühling gefeierte Pessach-Fest erinnert an den Auszug der Juden aus Ägypten. Themen des Festes sind zugleich das Wiedererwachen der Natur nach dem Winter, Fruchtbarkeit und »Frühjahrsputz«.

*Purim:* Das Purim-Fest erinnert an die Errettung der Juden vor einem Mord-Komplott unter dem persischen König Achaschwerosch (Xerxes I.) im 5. Jahrhundert v. Chr. Das meist in den März fallende Fest ist zugleich der jüdische Karneval, zu dem man sich verkleidet und viel Wein trinken soll.

*Schabbat:* Der Ruhetag der Juden, an dem nicht gearbeitet, gefahren oder Feuer gemacht werden darf. Er beginnt Freitagabend und endet Samstagabend.

*Schoah:* »Schoah« ist ein hebräisches Wort für »Katastrophe«. Mit »Haschoah« (»Die Katastrophe«) wird im Hebräischen der Holocaust bezeichnet.

*Talmud:* Der Talmud ist ein über Jahrhunderte in zwei Versionen (Babylonischer Talmud und Jerusalemer Talmud) entstandenes schriftliches Konglomerat aus Gesetzen, Erzählungen und philosophischen Überlegungen, das eine Art praktische Auslegung der biblischen Religionsregeln darstellt. Themen der Traktate sind etwa Gebets- und Feiertagsvorschriften, Ehe- und Familienangelegenheiten, Zivil- und Strafrecht sowie Anweisungen für die Landwirtschaft.

*Westjordanland:* Das Westjordanland, auch West Bank genannt, ist das Gebiet westlich des Jordans bis zur Waffenstillstandslinie von 1949. Es wurde im Verlaufe des Krieges 1948/49 von Jordanien besetzt. Im Sechstagekrieg von 1967 wurde das Westjordanland von Israel erobert. Aufgrund des

Oslo-Vertrags von 1993 entstanden in dem Gebiet palästinensische Autonomiezonen.

*Wus-Wus:* »Wus-Wus« ist in Israel eine spöttische Bezeichnung für osteuropäische Juden mit jiddischer Muttersprache. Sie geht darauf zurück, dass die Einwanderer nichts verstanden, wenn man sie auf Hebräisch ansprach, und immer mit der Frage »Wus? Wus?« (jiddisch für »Was? Was?«) reagiert haben sollen.

*Zionismus:* Der Zionismus ist die Bewegung zur Schaffung einer Heimstätte oder eines Staates für das jüdische Volk im Land Israel. Als Vater des modernen politischen Zionismus gilt der Wiener Journalist Theodor Herzl.

# Personenregister

Wilhelm II., deutscher Kaiser
44, 96

Xerxes I. (Achaschwerosch),
persischer König 216

Zerwanitzer, Nachman (Bubi)
86–88
Zvi, Schabtai 43

*»Das Problem ist nicht die Religion. Das Problem sind Menschen, die die Religion missbrauchen.«*

Vor der Blauen Moschee in Istanbul und an der Klagemauer in Jerusalem richten sich viele erstaunte Augen auf sie: den Gemeinderabbiner und den Imam aus Wien. Vor Ort wollen die Vertreter zweier unterschiedlicher Konfessionen sich ein Bild machen von der Sicht des jeweils anderen. Ramazan Demir und Schlomo Hofmeister führen einen intensiven, lebendigen Dialog auf ihrer Reise: über Religion, Politik, Privates, über Gott und die Welt, sie diskutieren über Antisemitismus und Islamfeindlichkeit und stellen Fragen: Was bedeutet Religion im Leben eines Muslim und eines Juden? Was müssen sie voneinander wissen? Welche Vorurteile gibt es? Was denken sie über Gewalt und Radikalisierung? Wie erleben sie Diskriminierung? Ihre Reise zwischen religiösen Stätten und politischen Konflikten erweist sich als Denkanstoß, als Gratwanderung – und als mutige Aktion für ein respektvolles Miteinander.

·······················································································

Ramazan Demir/Schlomo Hofmeister

# Reise nach Jerusalem

Ein Imam und ein Rabbiner unterwegs

192 Seiten, mit Fotos von Florian Rainer
ISBN 978-3-99050-043-9
eISBN 978-3-903083-26-4

**Amalthea**   amalthea.at

## Meine Schwester, meine Feindin

Schauplatz Kairo. Antonia Rados, die seit dreißig Jahren aus Krisengebieten in aller Welt berichtet, ist hier zwei Frauen begegnet, die unterschiedlicher nicht sein könnten: Die eine provoziert als Bauchtänzerin und Filmstar, die andere lebt als Salafistin nach ultrakonservativen religiösen Vorschriften.

Sie sind keine Ausnahme, sondern zeigen die extremen Spannungsfelder, die heute in Ägypten herrschen. Das Porträt der beiden Frauen und ihrer Welten ist ein eindringlicher Blick auf eine Gesellschaft, die vor der Zerreißprobe zwischen Religion und Freiheit steht.

Antonia Rados

# Die Bauchtänzerin und die Salafistin

Eine wahre Geschichte aus Kairo

224 Seiten
ISBN 978-3-85002-876-9
eISBN 978-3-902862-95-2

**Amalthea**   amalthea.at